Tino Zenker

Was wissen die Schüler von heute über die Lebensweise von morgen?

Eine empirische Erhebung zur nachhaltigen Entwicklung im Geographieunterricht

Diplomica Verlag GmbH

Zenker, Tino: Was wissen die Schüler von heute über die Lebensweise von morgen?
Eine empirische Erhebung zur nachhaltigen Entwicklung im Geographieunterricht.
Hamburg, Diplomica Verlag GmbH 2013

Buch-ISBN: 978-3-8428-9869-1
PDF-eBook-ISBN: 978-3-8428-4869-6
Druck/Herstellung: Diplomica® Verlag GmbH, Hamburg, 2013

Bibliografische Information der Deutschen Nationalbibliothek:
Die Deutsche Nationalbibliothek verzeichnet d ese Publikation in der Deutschen
Nationalbibliografie; detaillierte bibliografische Daten sind im Internet über
http://dnb.d-nb.de abrufbar.

Das Werk einschließlich aller seiner Teile ist urheberrechtlich geschützt. Jede Verwertung außerhalb der Grenzen des Urheberrechtsgesetzes ist ohne Zustimmung des Verlages unzulässig und strafbar. Dies gilt insbesondere für Vervielfältigungen, Übersetzungen, Mikroverfilmungen und die Einspeicherung und Bearbeitung in elektronischen Systemen.

Die Wiedergabe von Gebrauchsnamen, Handelsnamen, Warenbezeichnungen usw. in diesem Werk berechtigt auch ohne besondere Kennzeichnung nicht zu der Annahme, dass solche Namen im Sinne der Warenzeichen- und Markenschutz-Gesetzgebung als frei zu betrachten wären und daher von jedermann benutzt werden dürften.

Die Informationen in diesem Werk wurden mit Sorgfalt erarbeitet. Dennoch können Fehler nicht vollständig ausgeschlossen werden und die Diplomica Verlag GmbH, die Autoren oder Übersetzer übernehmen keine juristische Verantwortung oder irgendeine Haftung für evtl. verbliebene fehlerhafte Angaben und deren Folgen.

Alle Rechte vorbehalten

© Diplomica Verlag GmbH
Hermannstal 119k, 22119 Hamburg
http://www.diplomica-verlag.de, Hamburg 2013
Printed in Germany

Inhaltsverzeichnis

Inhaltsverzeichnis I

1. Einleitung 1
2. Was bedeutet nachhaltige Entwicklung? 3
3. Warum ist nachhaltige Entwicklung wichtig? 12
   - 3.1. Bevölkerungsentwicklung 12
   - 3.2. Gefährdung globaler Stoffkreisläufe 14
   - 3.3. Verlust der biologischen Vielfalt (Biodiversität) 15
4. Von der Umweltbildung zur Bildung für nachhaltige Entwicklung 17
   - 4.1. Bildung für nachhaltige Entwicklung – was ist das? 19
   - 4.2. Bildung für nachhaltige Entwicklung in deutschen Schulen 21
   - 4.3. Bildung für nachhaltige Entwicklung im Geographieunterricht 24
5. Jugend und nachhaltige Entwicklung 27
6. Problemstellung und Zielsetzung 30
7. Material und Methode 30
   - 7.1. Untersuchungsdesign und Datenerhebung 30
   - 7.2. Das Messinstrument 30
   - 7.3. Die Stichprobe 32
8. Darstellung der Ergebnisse 34
   - 8.1. Das aktuelle Verhalten 34
   - 8.2. Wissen über nachhaltige Entwicklung 37
   - 8.3. Einstellung zur nachhaltigen Entwicklung 44
   - 8.4. Der Einfluss des Geschlechts 50
     - 8.4.1. Das aktuelle Verhalten 51
     - 8.4.2. Wissen über nachhaltige Entwicklung 53
     - 8.4.3. Einstellung zur nachhaltigen Entwicklung 53
   - 8.5. Der Einfluss der Jahrgangsstufe 58
     - 8.5.1. Das aktuelle Verhalten 58
     - 8.5.2. Wissen über nachhaltige Entwicklung 59
     - 8.5.3. Einstellung zur nachhaltigen Entwicklung 60

9. Diskussion 65
   9.1. Das aktuelle Verhalten 65
   9.2. Wissen über nachhaltige Entwicklung 69
   9.3. Einstellung zur nachhaltigen Entwicklung 74

10. Fazit 79

Literaturverzeichnis III

Abbildungsverzeichnis IX

Tabellenverzeichnis XI

1. Einleitung

1992 unterzeichneten 178 Länder ein entscheidendes Dokument, welches alle Bereiche unseres Lebens heute beeinflusst – die Agenda 21. In der Präambel dieser Agenda heißt es zur Lage, in der wir uns befinden:

> „Die Menschheit steht an einem entscheidenden Punkt ihrer Geschichte. Wir erleben eine Festschreibung der Ungleichheiten zwischen und innerhalb von Nationen, eine Verschlimmerung von Armut, Hunger, Krankheit und Analphabetentum sowie die fortgesetzte Zerstörung der Ökosysteme, von denen unser Wohlergehen abhängt. Eine Integration von Umwelt- und Entwicklungsbelangen und die verstärkte Hinwendung auf diese wird indessen eine Deckung der Grundbedürfnisse, höhere Lebensstandards für alle, besser geschützte und bewirtschaftete Ökosysteme und eine sicherere Zukunft in größerem Wohlstand zur Folge haben. Keine Nation vermag dies allein zu erreichen, während es uns gemeinsam gelingen kann: in einer globalen Partnerschaft im Dienste der nachhaltigen Entwicklung." (Agenda 21 1992:1)

Um die in der Präambel angesprochenen Probleme und Schwierigkeiten zu bewältigen, muss die Menschheit zusammenhalten, global und langfristig im Sinne der nachhaltigen Entwicklung denken. Doch was ist nachhaltige Entwicklung? Benötigen wir diese überhaupt? Gibt es sie bereits? Wer muss aktiv werden, nur die Politik oder jeder Einzelne? In dieser Veröffentlichung mit dem Titel *Nachhaltige Entwicklung im Geographieunterricht: Eine empirische Studie zu Wissen und Einstellung von Schülerinnen und Schülern* stehen genau diese Fragen im Fokus. Es soll geklärt werden, wie unsere Schülerinnen und Schüler[1], also die heutigen Jugendlichen, mit diesem zukunftsweisenden Thema vertraut sind. Ich möchte herausstellen, welches Wissen bereits vorhanden ist und wo noch Klärungsbedarf besteht. Ist die nachhaltige Entwicklung bereits zu ihnen durchgedrungen und leben sie teilweise oder sogar ganz danach? Falls sie es nicht tun – welche Gründe existieren dafür?

Das Buch beginnt mit einem theoretischen Teil, der für ein besseres Verständnis der empirischen Sachverhalte sorgt. Zunächst wird darin die Frage geklärt, was nachhaltige Entwicklung auszeichnet und wieso wir sie unbedingt benötigen. Es folgt eine Darstellung der ehemals angewendeten Umweltbildung sowie eine Veranschaulichung, wie

---

[1] Für eine bessere Lesbarkeit wird im Folgenden nur die männliche Person verwendet. Eine Ausnahme sind hierbei Ausführungen, in denen geschlechterspezifische Differenzen aufgezeigt werden sollen.

diese zur Bildung für nachhaltige Entwicklung umgestaltet wurde. Hierbei wird anfangs die internationale Ebene näher beleuchtet, die im Anschluss auf die Bildung für nachhaltige Entwicklung in deutschen Schulen und abschließend im Geographieunterricht reduziert wird. Der theoretische Abschnitt schließt mit einer Darstellung der Bedeutung der Jugendlichen für den Erfolg der nachhaltigen Entwicklung.

Der empirische Teil schließt sich an, dessen Basis ein Fragebogen bildet, der insgesamt in drei Kategorien eingeteilt ist: das aktuelle Verhalten, das Wissen über nachhaltige Entwicklung und die Einstellung zur nachhaltigen Entwicklung. Diese Einteilung findet sich auch bei der Darstellung der Ergebnisse sowie der Diskussion dieser wieder. Nachdem das Messinstrument vorgestellt wurde, folgt eine weitestgehend deutungsarme Darstellung der Ergebnisse, an die sich die Diskussion anschließt. In dieser Diskussion sollen die Ergebnisse der Abhandlung mit verschiedenen Theorien, zum Beispiel der Theorie des geplanten Verhaltens oder der Interessentheorie, analysiert werden. Diese Abhandlung schließt mit einem Fazit.

Der Forschungsstand zum Thema der nachhaltigen Entwicklung sowie der Bildung für nachhaltige Entwicklung ist herausragend. Es gibt sehr viel Literatur, vieles davon ist jedoch nur schwer über Bibliotheken beziehbar, da es sich um sehr aktuelle Dokumente handelt. Diese sind aber in sehr vielen Fällen auf den Internetseiten der fördernden Bundesministerien zu finden, zum Beispiel beim Bundesministerium für Bildung und Forschung oder dem Bundesministerium für Umwelt, Naturschutz und Reaktorsicherheit. Auch die deutsche UNESCO-Kommission stellt ihre gesamten Publikationen in einem eigenen Internetportal zur Verfügung. Dies alles führt neben *regulärer* Literatur in Büchern zu einem breiten Informationsangebot über diese Thematik. Es kann an dieser Stelle bereits angemerkt werden, dass ein Punkt der Forderungen der UN in Bezug auf nachhaltige Entwicklung schon jetzt erreicht ist: der erleichterte Zugang zu Informationen.

Tino Zenker

2. Was bedeutet nachhaltige Entwicklung?

Der Begriff der *Nachhaltigkeit* wurde erstmals von dem sächsischen Oberberghauptmann Hans Carl von Carlowitz (1645 – 1714) im Jahr 1713 genutzt. Mit diesem Begriff kennzeichnete er seiner Zeit eine forstwirtschaftliche Praxis, die darauf ausgelegt war, nur so viel Holz einzuschlagen, wie durch Neupflanzung an Bäumen nachwächst. Dieser Beitrag stellt einen wesentlichen Schritt zum ökonomischen Umgang mit den Ressourcen der Natur dar und fand später auch Eingang in die offizielle Fachrichtung Ökonomie (RIESS 2010:25). So nutzt Philipp Gray den Begriff 1913 in einem Werk der Ressourcenökonomie und formuliert den Leitgedanken der Nachhaltigkeit wie folgt: „Naturerhalt bedeutet: ausreichende Sorge dafür zu tragen, dass kommende Generationen mit natürlichen Ressourcen versorgt sein werden." (GRAY 1913, zitiert nach RIESS 2010:25) Insgesamt stellt diese Interpretation jedoch nur einen rein ressourcenökonomischen Zugang dar, der bis weit in das 20. Jahrhundert bestand. Seit den 70er Jahren des 20. Jahrhunderts ist der Begriff der Nachhaltigkeit ein alle Felder der Politik verbindendes Leitkonzept (BARTOL/HERKOMMER 2004:1).

1972 veröffentlicht der *Club of Rome* einen Bericht mit dem Titel *Grenzen des Wachstums* (im Original: *The Limits to Growth*). Dieser Bericht wird als Durchbruch einer internationalen Diskussion gesehen und warnt vor der Erschöpfung der natürlichen Ressourcen durch einen exponentiellen Anstieg der Weltbevölkerung und der Weltindustrieproduktion. Das Neue an diesem Bericht war die bewusste Ignoranz von Unterscheidungen zwischen Nationen oder Regierungen – die Welt wurde als eine Einheit betrachtet. Durch den Einsatz eines *Weltmodells* wurde die Entwicklung der Erde bis zum Jahr 2100 durchgespielt, wobei im Speziellen fünf wichtige Trends mit weltweiter Wirkung näher beleuchtet worden sind:

- die beschleunigte Industrialisierung,
- das rapide Bevölkerungswachstum,
- die weltweite Unterernährung,
- die Ausbeutung der Rohstoffreserven,
- die Zerstörung des Lebensraumes.

Das Ergebnis der Studie war die Feststellung, dass eine fortwährende Zunahme der Weltbevölkerung, der Nahrungsmittelproduktion und der Ausbeutung natürlicher Rohstoffe die Wachstumsgrenzen auf der Erde im Laufe des nächsten Jahrhunderts überschreiten wird. Der *Club of Rome* weißt jedoch darauf hin, dass ein ökologischer und ökonomischer Gleichgewichtszustand noch immer herzustellen ist, vorausgesetzt der Mensch beginnt schnell damit (EBLINGHAUS/STICKLER 1996:28-30).

Als Reaktion auf den Bericht des *Club of Rome* wurde von der 38. Generalversammlung der UNO im Herbst 1983 der sogenannte Brundtland-Bericht in Auftrag gegeben. Er sollte ein weltweites Programm des Wandels formulieren, um auf Umweltprobleme reagieren zu können und bis zum Jahr 2000 und darüber hinaus eine dauerhafte Entwicklung zu erreichen. Für diesen Zweck wurde von der UN-Generalversammlung die *Weltkommission für Umwelt und Entwicklung* gegründet, die 1984 ihre Arbeit aufnahm. Vorsitzende der Kommission wurde die ehemalige Umweltministerin und Ministerpräsidentin von Norwegen, Gro Harlem Brundtland. Die Aktivität der Kommission wurde als revolutionär angesehen. So organisierte sie öffentliche Anhörungen in allen Regionen der Welt, bei denen Forschungsinstitute, Wissenschaftler, Regierungsvertreter, Menschen aus der Industrie und die Öffentlichkeit ihre Besorgnis sowie ihre Meinung und ihren Rat zu den gemeinsamen Problemen ausdrücken konnten. 1987 wurde der Bericht der Generalversammlung der UN unter dem Titel *Unsere gemeinsame Zukunft* (im Original: *Our Common Future*) vorgelegt. Die größte Bekanntheit erlangte er unter dem Namen der Vorsitzenden der Kommission als *Brundtland-Bericht*. Er legt auch die bis heute weltweit allgemein anerkannte Definition des Begriffes *nachhaltige Entwicklung* vor:

„Nachhaltige Entwicklung ist eine Entwicklung, die den Bedürfnissen der heutigen Generation entspricht, ohne die Möglichkeiten künftiger Generationen zu gefährden, ihre eigenen Bedürfnisse zu befriedigen und ihren Lebensstil zu wählen." (EBLINGHAUS/STICKLER 1996:59-61, JÄGER 2007:55-57)

Der Brundtland-Bericht gilt als Hauptgrund für die Einberufung der Umweltkonferenz in Rio de Janeiro im Jahr 1992. Die Kommission kam des Weiteren zu der Erkenntnis, dass eine solche Entwicklung nur durch eine integrative Politik erreicht werden kann, welche die herkömmlich getrennt betrachteten Problembereiche als Wirkungsgeflecht sieht. Nach Ansicht der Kommission gibt es jedoch unterschiedliche Ziele für Industrie- und Entwicklungsländer. Für die Entwicklungsländer forciert sie die Armutsüberwindung und für Industriestaaten muss der materielle Wohlstand mit dem Erhalt der Natur als Lebensgrundlage in Einklang gebracht werden (JÄGER 2007:56-57). Darüber hinaus wurde ein Prozess in Gang gesetzt, der darauf abzielt, von der Ebene der internationalen Politik über die nationalen Regierungen bis hin zu den Kommunen eine gemeinsame Zukunft zu gestalten (vgl. Abbildung 1, Enquete-Kommission 1997:22).

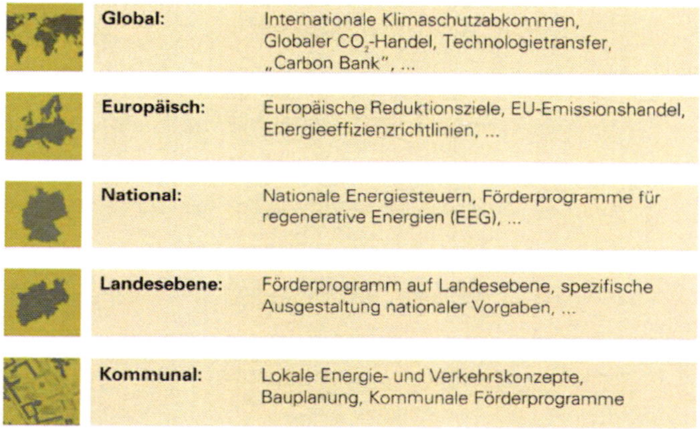

	Global:	Internationale Klimaschutzabkommen, Globaler CO_2-Handel, Technologietransfer, „Carbon Bank", ...
	Europäisch:	Europäische Reduktionsziele, EU-Emissionshandel, Energieeffizienzrichtlinien, ...
	National:	Nationale Energiesteuern, Förderprogramme für regenerative Energien (EEG), ...
	Landesebene:	Förderprogramm auf Landesebene, spezifische Ausgestaltung nationaler Vorgaben, ...
	Kommunal:	Lokale Energie- und Verkehrskonzepte, Bauplanung, Kommunale Förderprogramme

Abbildung 1: Die verschiedenen Ebenen, die an einer nachhaltigen Entwicklung beteiligt werden müssen (Quelle: SCHNEIDEWIND 2011).

Zu bemängeln sei jedoch, dass eine Zielsetzung für sogenannte Schwellenländer nicht vorliegt. Als logische Schlussfolgerung sei die weitere Steigerung des Wohlstandes der eigenen Bevölkerung und das in Einklang bringen des Lebens mit der Natur von Beginn an des wirtschaftlichen Aufschwungs das leitende Ziel.

Hinter dem Begriff der nachhaltigen Entwicklung verbirgt sich demnach ein Konzept, welches Umwelt und Entwicklung zusammen betrachtet und versucht, den negativen Phänomenen der globalen Umweltveränderungen, der ökonomischen Globalisierung, dem kulturellen Wandel und dem zunehmenden Nord-Süd-Gefälle entgegenzuwirken (BAHR 2007:10).

1992, fünf Jahre nach der Veröffentlichung des Brundtland-Berichtes und 20 Jahre nach der ersten internationalen Umweltkonferenz in Stockholm, fand die UN *Konferenz über Umwelt und Entwicklung* im brasilianischen Rio de Janeiro schließlich statt. Informell wird diese Konferenz auch *der Erdgipfel* genannt. Der nachhaltigen Entwicklung kam bei dieser Konferenz eine zentrale Rolle zu und der Begriff stand im Mittelpunkt der Diskussionen (RIESS 2010:27). Insgesamt wurden fünf *Dokumente* unterzeichnet:

- **Die Deklaration von Rio über Umwelt und Entwicklung:** Darin wird betont, dass ein langfristiger wirtschaftlicher Aufschwung nur in Verbindung mit Umweltschutz einhergehen kann – man orientierte sich darin direkt an den Empfehlungen des Brundtland-Berichtes. Als wichtigste Prinzipien der Deklaration für eine nachhaltige Entwicklung gelten:
    - Bekämpfung der Armut,
    - angemessene Bevölkerungspolitik,
    - Verringerung und Abbau nicht-nachhaltiger Konsum- und Produktionsweisen sowie eine
    - umfassende Teilhabe der Bevölkerung an politischen Entscheidungsprozessen.

    Des Weiteren wird das Ende der Diskriminierung benachteiligter Gruppen gefordert (Frauen, Jugendliche, indigene Völker).

- **Die Klimaschutz-Konvention:** Ziel dieser Konvention ist die Stabilisierung der Belastung der Atmosphäre mit Treibhausgasen (Methan, Kohlenstoffdioxid und vier weiteren Gasen). Diese sollen auf einem Niveau gehalten werden, welches eine gefährliche Störung des Weltklimas verhindert.

- **Die Artenschutz-Konvention:** Ziel ist die Erhaltung der biologischen Vielfalt (Biodiversität) und die nachhaltige Nutzung biologischer Ressourcen. Tier- und Pflanzenarten sollen geschützt und bedrohtes genetisches Material gesichert werden.

- **Die Walddeklaration:** Eine verbindliche Walddeklaration, die von den Industriestaaten gefordert wurde, scheiterte an den Einwänden der Entwicklungsländer, da sie sich in ihrem Recht auf Souveränität ihrer eigenen Ressourcen eingeschränkt fühlten. Vielmehr kam es zu folgender Absichtserklärung:
    - Alle Länder beteiligen sich an der Aufforstung und Erhaltung der Wälder.
    - Jedes Land benötigt eine Forstplanung, die auf dem Grundsatz der Umweltverträglichkeit aufbaut.
    - Mögliche Ursachen der Verschmutzung, wie zum Beispiel *Saurer Regen*, müssen überwacht werden.
    - Der Handel mit Forstprodukten erfolgt ohne jede Diskriminierung nach Regeln, über die sich die Länder gemeinsam geeinigt haben. Der interna-

tionale Handel mit Nutzholz und anderen Forstprodukten darf nicht durch einseitig getroffene Maßnahmen eingeschränkt oder gar verboten werden.

- **Die Agenda 21**: Die Agenda 21 ist das am häufigsten zitierte Dokument der Rio-Konferenz. Es handelt sich hierbei um ein von 178 Staaten verabschiedetes Aktionsprogramm. Insgesamt können die 40 Kapitel des Programms in vier Oberbereiche aufgeteilt werden:
    - ➢ Soziale und wirtschaftliche Dimension
    - ➢ Erhaltung und Bewirtschaftung der Ressourcen für die Entwicklung
    - ➢ Stärkung der Rolle wichtiger Gruppen
    - ➢ Möglichkeiten der Umsetzung

Die UN-Konferenz über Umwelt und Entwicklung legte also unter weltweiter Beteiligung die Basis für eine nachhaltige Entwicklung. Dabei wurden Umwelt- und Entwicklungspolitik mit detaillierten Handlungsmaßnahmen verknüpft (JÄGER 2007:57-61). Das Konzept ist aufgrund des Raubbaus von Ressourcen und vielfältiger Störungen des Ökosystems entstanden. Insgesamt wird es von der Idee getragen, dass ein ökologisches Gleichgewicht nur dann erreicht werden kann, wenn ökonomische Sicherheit und soziale Gerechtigkeit gleichberechtigt angestrebt werden. Demnach stellt das sich daraus ableitende Dreieck der Nachhaltigkeit (vgl. Abbildung 2) kein reaktives Handlungskonzept dar, sondern ein Modernisierungsszenario, in dem Ökologie, Ökonomie und Soziales einander bedingen und sich miteinander vernetzen (BAHR 2007:10).

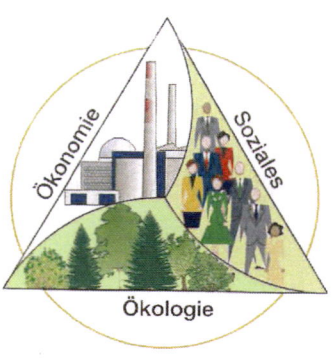

Abbildung 2: Das Dreieck der Nachhaltigkeit
(Quelle: verändert nach BAHR 2007)

Für eine bessere Umsetzung des Wirtschaftens, des Konsums und der Mobilität sowie für den Umgang mit Ressourcen unserer Erde und der Nutzung von Natur werden immer wieder vier Konzepte erwähnt. Diese lassen sich durch die Begriffe *Effizienz, Konsistenz, Permanenz* und *Suffizienz* erfassen:

- **Effizienz** bedeutet im wesentlichen eine Steigerung des Input-Output-Verhältnisses beim Ressourceneinsatz. Dies kann durch technische und logistische Innovationen erreicht werden.
- **Konsistenz** zielt darauf ab, Stoff und Energieströme zu verbessern, beispielsweise durch Nutzung nachwachsender Rohstoffe.
- **Permanenz** bezeichnet eine erhöhte Beständigkeit von Produkten und Materialien.
- **Suffizienz** setzt auf einen Wandel der Einstellungen, der Konsum- und Verhaltensmuster sowie auf die Herausbildung und Verbreitung von ressourcensparenden und umweltschonenden Konsum- und Verhaltensmustern (BLK 1999:20).

Der Strategie der Suffizient kommt im Zusammenhang mit Bildung eine entscheidende Bedeutung zu. (vgl. Kapitel 4.1. Bildung für nachhaltige Entwicklung – was ist das?)
Acht Jahre nach der Konferenz über Umwelt und Entwicklung im brasilianischen Rio de Janeiro wurden auf der Millennium-Sitzung in New York die sogenannten *Millenniumsziele* verabschiedet. Später wurden diese auch in den Aktionsplan der Johannesburgkonferenz im Jahr 2002 (Rio 10+) aufgenommen (JÄGER 2007:62). Als wesentliche, sehr ehrgeizige Ziele wurden formuliert:

- Die Halbierung von Armut und Hunger bis 2015
- Allgemeine Primarschulbildung für alle Jungen und Mädchen
- Die Förderung der Gleichheit der Geschlechter und die Stärkung von Frauen
- Die Verringerung von Kindersterblichkeit; eine Senkung von zwei Dritteln bei Kindern unter fünf Jahren
- Eine verbesserte gesundheitliche Versorgung von Müttern; die Müttersterblichkeit soll um 75 % gesenkt werden
- Die Bekämpfung von AIDS, Malaria und anderen Krankheiten
- Die Entwicklung einer ökologischen Nachhaltigkeit
- Die Herausbildung einer globalen Partnerschaft für Entwicklung (JÄGER 2007:62-63, IISD 2007a)

Im Jahr 2011, fast 20 Jahre nach der ersten *Konferenz über Umwelt und Entwicklung*, sind die Ergebnisse ernüchternd. Es ist erkannt worden, dass eine reine Umstellung des Lebens auf engagierte Umweltziele sowie eine technologisch betriebene Effizienzrevolution nicht erfolgreich sein können. Es wird mehr benötigt als ehrgeizige Ziele und technologisch neue Bausteine. Das komplexe Netz von Beziehungen zwischen Wirtschaft, Umwelt und Gesellschaft muss verstanden werden, doch nach 20 Jahren der Nachhaltigkeitspolitik sind die Erfahrungen mit sozio-technischen Erfahrungsprozessen noch immer sehr jung und wenig fortgeschritten. In den nächsten Jahren muss folglich eine Transformation der Nachhaltigkeitsforschung stattfinden. In einer Zeit, in der wir das *Was?* schon umfassend verstanden haben, müssen wir uns dem *Wie?* verstärkt zuwenden (SCHNEIDEWIND 2011:7). SCHNEIDEWIND (2007) merkt an, dass die heutige nachhaltige Entwicklung ein globales Gerechtigkeitsproblem sei, bei dem es darum ginge, die begrenzten Ressourcen und Umweltkapazitäten so zu verteilen, dass weltweit sowohl heutige als auch künftige Generationen ein menschenwürdiges Leben führen können. Deutlich wurde dieses Problem auf der Klimakonferenz im Dezember 2009 in Kopenhagen. Die Schwierigkeit bestand darin, Interessen der Industrienation USA und jene der aufstrebenden Industrienation Indien zusammenzubringen. In den USA entfallen pro Jahr 20 Tonnen Kohlenstoffdioxid auf einen einzelnen Menschen – in Indien ist es eine Tonne (vgl. Abbildung 3).

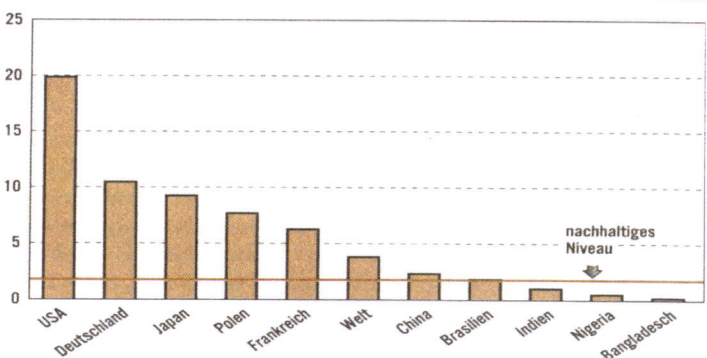

Abbildung 3: Kohlenstoffdioxid-Emissionen pro Kopf und Jahr in Tonnen in zehn ausgewählten Ländern (Quelle: JÄGER 2007)

Die amerikanische Gesellschaft will ihren errungenen Wohlstand jedoch nicht aufgeben, während die indische Bevölkerung ein solches Wohlstandsniveau noch erreichen möchte und derzeit folglich vor einer Expansion steht.

In Abbildung 3 sind Kohlenstoffdioxid-Emissionen von zehn ausgewählten Ländern dargestellt – unter anderem auch von den bereits angesprochenen Ländern Indien und der USA. In dem Diagramm ist auch eine Grenzlinie verzeichnet, die anzeigt, wie hoch die Emission maximal sein darf, damit nicht mehr Kohlendioxid ausgestoßen wird, als die Natur verarbeiten kann. Die durchschnittliche Kohlenstoffdioxid-Emission der Welt liegt bei circa 4 Tonnen pro Jahr pro Kopf. Länder wie die USA, Deutschland, Japan und Frankreich liegen deutlich über diesem Wert. Selbst Polen – ein größtenteils von Agrarwirtschaft geprägter Staat, überschreitet diesen Durchschnittswert. Aufstrebende Länder wie Indien, China und Brasilien liegen derzeit noch darunter. Zu betonen ist hier jedoch das „noch", da nicht damit zu rechnen ist, dass diese Länder ihre Emissionen einschränken werden. Auch die Emissionsgrenze einer nachhaltigen Entwicklung wird immer schwerer zu erreichen sein. Während sich Deutschland darauf besinnt, die jährlichen Emissionen zu senken, werden China und Indien zu den westlichen Industrienationen aufstreben wollen, wodurch man sich auch in diesen Teilen der Welt eher von einer nachhaltigen Entwicklung weg bewegt als darauf zu.

Zusammenfassend werden in der folgenden Tabelle jeweils zehn Erfolge und Misserfolge in der Nachhaltigkeitsentwicklung dargestellt. Die Tabelle stellt ein globales Resümee dar und ist nicht allein auf Deutschland bezogen.

Erfolge	Misserfolge
Das Montreal-Protokoll hat die Zerstörung der stratosphärischen Ozonschicht gebremst	Trotz der Artenschutz-Konvention sterben jährlich Tausende von Arten (vgl. 3.3)
Wenig Fortschritt in der Politik, aber Tausende von kleinen praktischen Projekten auf lokaler Ebene	Seit der Rio-Konferenz 1992 haben die reichen Länder nicht gehalten, was sie versprochen haben
Zivilgesellschaft wurde zunehmend in politische Prozesse eingebunden	Bevölkerungswachstum wird weiterhin tabuisiert
Industrie und Wirtschaft erkennen verstärkt ihre Verantwortung	Der Konsum in den Industrieländern wächst weiter
Erste Schritte zur Lösung des Klimaproblems sind formuliert worden (Kyoto-Protokoll)	Die Zahl der Menschen, die in absoluter Armut leben, wächst weiter

Wissenschaft hat dazu beigetragen, das System *Erde* besser zu verstehen	Der Wert der Natur spiegelt sich nach wie vor nicht in Preisen wieder
Passende Indikatoren und verbesserte Beobachtungen geben ein realistischeres Bild davon, wie weit wir von Zielen entfernt sind	Die Entwicklungshilfe reicht weiterhin nicht aus und steht zu vielen Hemmnissen gegenüber
Mehr Menschen haben leichter Zugang zu Informationen	Militärkonflikte verursachen noch immer menschliche Tragödien und große Umweltschäden
Strategien zur nachhaltigen Entwicklung sind in vielen Ländern erstellt worden	Der Druck auf die begrenzten Süßwasserressourcen wächst
Weitere Umweltabkommen wurden verhandelt	Vorhandenes Wissen über unsere Lage wird in politischen und wirtschaftlichen Kreisen ignoriert – das Ziel *nachhaltige Entwicklung* wird wegen kurzfristiger Gewinnorientierung nicht verfolgt.

Tabelle 1: Globale Erfolge und Misserfolge in der nachhaltigen Entwicklung (Quelle: JÄGER 2007, IISD 2007b)

3. Warum ist nachhaltige Entwicklung wichtig?

Die Frage, warum wir nachhaltige Entwicklung überhaupt benötigen, wird sehr unterschiedlich beantwortet. In Anlehnung an RIESS (2010) soll an dieser Stelle mit den Kritikern einer nachhaltigen Entwicklung begonnen werden, um dann in Unterkapiteln (3.1. bis 3.3.) die einzelnen neuartigen Bedrohungen zu betrachten.

Kritiker der nachhaltigen Entwicklung machen darauf aufmerksam, dass es seit der Industriellen Revolution jeder Generation besser ging als der vorherigen. Dabei dementieren die Kritiker jedoch nicht, dass Naturressourcen von der jeweilig lebenden Generation unwiderruflich aufgebraucht wurden; dem steht jedoch ein hoher Nutzengewinn durch vom Menschen geschaffene Werte wie Bibliotheken, Computer und Krankenhäuser gegenüber. Noch nie wurde in der Geschichte ein solch' umfangreiches Erbe auf Basis von Wissenschaft und Technik weitergegeben. Dies gilt als erstes Argument gegen nachhaltige Entwicklung. Als Einwand gegen dieses Argument bringen Befürworter hervor, dass das Erbe an Technik und Wissenschaft sowie vom Menschen geschaffene Werte zwar sehr positiv seien, sie jedoch nichts nützen, „wenn bei ihrer Schaffung und Nutzung die Grundlagen des Überlebens zerstört werden [...]." (RIESS 2010:28) Als zweites Argument gilt die allgemeine Überlebensfähigkeit der Natur. Der Mensch kann sie nicht einfach in Frage stellen, da die Natur bereits extreme Belastungen wie Kontinentalverschiebung und Eiszeiten überstanden hat. Diese Ereignisse hatten das Aussterben zahlreicher Pflanzen- und Tierarten auf der Erde zur Folge, wenngleich das Leben nie gänzlich ausgelöscht worden ist. Man ist der Ansicht, dass die Natur extreme Belastungen verkraften kann, zu der die Spezies Mensch in keinem Maß fähig ist (RIESS 2010:28-29).

Von Seiten der Wissenschaftler werden immer mehr Stimmen laut, die zu der Einschätzung kommen, dass es neue Gefahren gibt, welche das Überleben vieler Menschen gefährden könnten. Diese Bedrohungen sind in den folgenden Unterkapiteln dargestellt.

3.1. Bevölkerungsentwicklung

Die Weltbevölkerung betrug um 1700 circa eine halbe Milliarde Menschen. In den folgenden zwei Jahrhunderten stieg diese Zahl nur langsam. Mit der einsetzenden Industrialisierung in der westlichen Welt wuchsen jedoch auch die Bevölkerungszahlen stetig. Von einem soliden Wert von 2,5 Milliarden Menschen im Jahr 1950 stieg die Weltbevölkerung innerhalb der nächsten 50 Jahre um vier Milliarden Menschen auf insgesamt 6 Milliarden. Der Bereits erwähnte Bericht des *Club of Rome* (vgl. Kapitel 2) machte 1972 das exponentielle Wachstum der Weltbevölkerung deutlich. Exponentiell bedeutet, dass die Zunahme in einem festgelegten Zeitintervall nicht konstant ist, sondern im Verhältnis zum vorhandenen Bestand wächst. Zur Veranschaulichung benutzt JÄGER (2007) ein treffendes Gleichnis:

> „Man stelle sich einen kleinen Teich vor, in dem sich eine (nur eine!) Wasserlilie befindet. Diese Wasserlilie fängt an, sich zu vermehren, und zwar so, dass sich ihre Anzahl jeden Tag verdoppelt. Würde sich die Pflanze ungebremst weiter vermehren, wäre am 30. Tag der Teich komplett bedeckt, und alle anderen Lebewesen im Teich würden [...] sterben. In den ersten Tagen scheint die Lage jedoch nicht so dramatisch zu sein. Es wird nicht eingegriffen, bis die Pflanzen ungefähr die Hälfte des Teichs bedecken. Aber das ist erst am 29. Tag der Fall! Aufgrund ihres exponentiellen Wachstums können die Pflanzen die andere Hälfte in nur einem Tag bedecken. Es bleibt also nur ein einziger Tag, um die Gefahr zu bannen und den Teich zu retten." (S.32)

Verglichen mit der Situation der Menschen bedeutet dies, dass wir uns derzeit auf dem Weg zum 30. Tag befinden. Wir haben bereits begonnen, *die Gefahr zu bannen*, doch von einer Rettung kann noch nicht die Rede sein.

Die Bevölkerung wächst jährlich circa um 76 Millionen Menschen – das sind täglich etwa 210 000 (JÄGER 2007:32). Die Vereinten Nationen gehen von einem Bevölkerungsanstieg auf circa 9 Milliarden im Jahr 2050 und etwas über 10 Milliarden bis 2150 aus (WORLD RESSOURCES INSTITUTE/UNITED NATIONS ENVIRONMENT PROGRAMME/UNITED NATIONS DEVELOPMENT PROGRAMME/WORLD BANK 1996:174). Obwohl im kommenden Jahrhundert dem traditionellen Bild der Großfamilie abgeschworen werden wird, wird es keine Entlastung für die Umwelt geben. Eine Konsequenz wird darin bestehen, dass mehr *Singles* auf der Erde leben werden, die wiederum eine eigene Wohnung oder ein eigenes Haus besitzen und somit sowohl den Flächen- als auch den Ressourcenverbrauch erhöhen (JÄGER 2007: 33). Demökologen sind der Meinung, dass dieser Anstieg an benötigter Siedlungsfläche neben anderen Faktoren ein Hauptproblem der nächsten Jahre werden wird. Allgemein ist die Siedlungsdichte heute tausend bis zehntausend mal höher als zur Zeit der Jäger und Sammler. Mit Beginn der neolithischen Revolution gelang es dem Menschen durch Ackerbau und Viehzucht, das ökologische Fassungsvermögen zu vervielfachen. Die Frage, die sich an dieser Stelle stellt, ist nahezu trivial: Haben wir die maximale Umweltkapazität bereits überschritten und leben wir somit auf Kosten der nachfolgenden Generationen, oder leben wir noch in dem Bereich, in dem Naturressourcen in dem Maße nachwachsen können, in dem sie entnommen wurden? Für die moderne Industriegesellschaft nimmt man an, dass 140 bis 300 Menschen durch einen Quadratkilometer versorgt werden können. Für die postindustrielle Gesellschaft ist dieser Wert jedoch nicht klar (RIESS 2010:30-31).

Die Forschung ist sich einig, dass eine partielle Lösung durch eine Verbesserung der Primarschulbildung und die Stärkung der Frauen in der Gesellschaft geschaffen werden kann – vor allem in den Entwicklungsländern. Dabei hat Bildung für Mädchen einen wirtschaftlichen und sozialen Nutzen für die Gesellschaft. Gebildete Frauen haben mehr Möglichkeiten und sind wirtschaftlich unabhängiger. Sie neigen in der Konsequenz dazu, weniger - dafür aber gesündere Kinder zu bekommen, die zur Schule gehen werden. „Bildung ist also der Schlüssel, um dem Teufelskreis *Armut – Bevölkerungswachstum* zu durchbrechen." (JÄGER 2007:34)

3.2. Gefährdung globaler Stoffkreisläufe

Seitdem der Mensch auf der Erde lebt, verändert er auch seine Umwelt. Dies geschah jedoch nie in einem Ausmaß, das lange andauern konnte, oder andere Regionen beeinflusste. Durch den Menschen der Gegenwart hat sich dies jedoch drastisch geändert. Der heutige Mensch ist in der Lage, den Globus zu einem riesigen Experimentierfeld zu machen (Renn 2002:32). Seit der Anfangszeit des Menschen beeinflussen wir die Erde, teils bewusst, teils unbewusst, doch nun sind wir an einem Punkt angelangt, an dem wir bereits begonnen haben, erstmals globale Stoffkreisläufe zu verändern. In der Vergangenheit war das Klima ausschließlich durch natürliche Faktoren beeinflusst. Die Sonneneinstrahlung, wechselseitige Austauschprozesse zwischen Biosphäre, Boden und Gewässer waren früher dafür verantwortlich, dass sich das Klima veränderte. Heute hingegen liegt die Verantwortung für diese Veränderungen bei den Menschen – etwa durch Rodung der Wälder oder der Freisetzung von klimawirksamen Gasen (RIESS 2010:31). Seit Ende des 19. Jahrhunderts ist das Problem der Luftverschmutzung bekannt. Nachdem in Bereichen von Kraftwerken immer mehr Gesundheitsprobleme auftraten, beschloss man, die Schornsteine weiter in die Höhe zu bauen, um diesen Problemen entgegenzuwirken. Dies führte zu einer regionalen Verbesserung der Umstände, brachte jedoch auch weitere, überregionale Folgen mit sich. Ende der 1960er Jahre begannen die skandinavischen Länder, regelmäßig Boden- und Wasserproben zu nehmen und stellten fest, dass grenzüberschreitende Luftverschmutzung für die Übersäuerung von Seen und Böden verantwortlich ist.

Als weiterer Meilenstein galt die Entdeckung, dass Fluorchlorkohlenwasserstoffe (FCKW), die zum Beispiel in Haarspraydosen vorkamen, zum Abbau der Ozonschicht beitragen. In der unteren Erdatmosphäre würden diese Stoffe keine Reaktion des Ozons auslösen, in höheren Schichten würden sie jedoch durch die energiereichen und kurzwelligen Strahlen des Sonnenlichts aufgespalten, sodass Chlorverbindungen entstehen, die wiederum Ozon-Moleküle zerstören. 1985 wurde das Ozonloch über der Antarktis entdeckt (JÄGER 2007:49-55).

Es werden auch weitere Auswirkungen von Klimaveränderungen in chemischen und biologischen Systemen bemerkt: Die Gletscher in den Alpen schrumpfen konsequent, in Gebieten, in denen Permafrostboden vorherrscht, kommt es immer häufiger zum vollständigen Auftauen. Darüber hinaus lässt sich eine Verlängerung der Wachstumsperioden in mittleren und höheren Lagen erkennen. Das Risiko der Ausrottung empfindlicher Arten und der darauffolgende Verlust der Biodiversität in Kombination mit den vorweg genannten Faktoren sind nur einige Beispiele für eine fortwährende Klimaveränderung (RIESS 2010:32).

3.3. Verlust der biologischen Vielfalt (Biodiversität)

Über weite Zeiträume hinweg fand durchschnittlich eine von einer Million Arten pro Jahr ihr natürliches Ende. Heute ist diese Zahl unnatürlicherweise um das hundert- bis tausendfache höher (BMU 2007:16). Hauptverursacher für das Aussterben ist der Mensch, da er Landschaften und Ökosysteme im großen Stil umgestaltet. Der Wissenschaftliche Beirat der Bundesregierung nennt als Beispiele (nicht vollständig):

- **Die Konversion natürlicher Ökosysteme**: Konversion bezeichnet die Umwandlung natürlicher Ökosysteme oder naturnaher Ökosysteme in stark anthropogen geprägte Systeme. Der Vorgang ist auf absehbare Zeit irreversibel. Beispiele sind die Konversion von Wald- in Weideflächen oder Plantagen, aber auch die Umwandlung von natürlichen Wasserläufen in Kanäle. Die Konversion gilt neben weiteren als wichtigste Ursache für den Verlust der Biodiversität. Lediglich 27 % der mit Vegetation bedeckten Erdoberfläche gilt heute als vom Menschen nicht gestört.

- **Die Fragmentierung natürlicher Ökosysteme**: Fragmentierung meint hier die räumliche Zergliederung einst flächendeckender natürlicher Ökosysteme in kleinere, isolierte Teilgebiete. Gründe dafür sind zum Beispiel die Etablierung von Verkehrsinfrastruktur oder Konversion. Die Fragmentierung verlangsamt den Austausch zwischen Populationen oder kann ihn sogar zum Erliegen bringen; dies wiederum kann zum schleichenden Artenverlust führen. Fragmentierung ist häufig nach Konversion zu beobachten.
- **Die Schädigung von Ökosystemstruktur und –funktion**: Gemeint ist in diesem Kontext der Verlust von funktionellen Einheiten in einem Ökosystem. Dieser kann durch Ausrottung dominanter oder Schlüsselarten[2], durch Einwanderung nichtheimischer Arten oder stoffliche Überbelastung ausgelöst werden.
- **Eine stoffliche Überbelastung der natürlichen Ökosysteme**: Eine übermäßige Belastung durch organische (abbaubare) Stoffe und Nährsalze kann eine Eutrophierung in Seen, Fließ- und Küstengewässern herbeiführen und das Grundwasser gefährden. Eine bekannte stoffliche Überbelastung spiegelt sich im *Sauren Regen* wider.
- **Zunehmende Übernutzung natürlicher Ressourcen**: Diese Benutzung bezieht sich auf biologische Ressourcen, zum Beispiel durch Weide- oder Waldwirtschaft, Fischerei und Jagd. Dieser Trend ist für 23 % der bisher dokumentierten Verluste von Tierarten verantwortlich (WBGU 2000:20-21).

Derzeit sind 20 bis 23 % der Säugetiere, 12 % der Vögel und 31 % der Amphibien weltweit gefährdet (Riess 2010:33). Dabei handelt es sich um irreversible Fälle. Nach der letzten Aussterbewelle vor 65 Millionen Jahren dauerte es mehr als zwei Millionen Jahre bis eine Erholung der Natur eintrat – es gibt keinen Grund zur Annahme, das im derzeitigen Kontext eine Erholung schneller eintreten könnte. Mit dem Artensterben gehen genetische und physiologische Baupläne verloren, die für Medizin und Landwirtschaft von großer Bedeutung sein können (BMU 2007: 103).

---

[2] Als Schlüsselarten *(keystone species)* werden Arten bezeichnet, deren Ausfall einen überproportionalen Effekt auf das Gesamtsystem hat. Dabei muss es sich nicht immer um große oder auffällige Arten handeln, es können auch kleinere unscheinbare sein, die im Artengefüge nicht immer leicht zu entdecken sind (WBGU 2000:53).

4. Von der Umweltbildung zur Bildung für nachhaltige Entwicklung

Ausgangspunkt war die *ökologische Krise* der 70er Jahre des 20. Jahrhunderts. Durch eine fortwährende Ressourcenverknappung, eine immer deutlicher werdende Umweltverschmutzung sowie die Bevölkerungsexplosion in vielen Ländern der Erde entstand eine Erziehung zum Umweltschutz (UNBEHAUEN/HACKSPACHER 2005:95). Umgesetzt wurde dieser Ansatz der *ersten Generation* der Umweltbildung durch eine reine Vermittlung von Wissen und Zusammenhängen. Man hatte zu diesem Zeitpunkt die Erwartung, dass eine rein kognitiv-rationale Bearbeitung der Thematik dazu führt, dass *aufgeklärte* Menschen umweltverantwortlich handeln würden (NAGEL/AFFOLTER 2004:95). Diese reine Vermittlung von Kenntnissen ist das älteste Leitbild der Umweltbildung und wird als das des *Naturforschers* bezeichnet. Durch empirische Studien wurde jedoch aufgedeckt, dass eine bloße Vermittlung von Kenntnissen nahezu keine Auswirkungen auf Verhaltensweisen hat (HEMMER 1998:197). Grund dafür ist einerseits, dass im Bereich von Umweltproblemen der Weg vom Wissen zum Handeln nicht linear ist, und andererseits, dass Umweltwissen, Umweltbewusstsein und Umwelthandeln in einer überaus komplexen, gesellschaftlich vermittelten Beziehung zueinander stehen (NAGEL/AFFOLTER 2004:95). Diese Generation der Umweltbildung war hauptsächlich im Biologieunterricht angesiedelt oder, wenn eine politisch-gesellschaftliche Betrachtung vorlag, Teil des Gesellschaftslehreunterrichts (UNBEHAUEN/HACKSPACHER 2008:95). HEMMER (1998) stellt fest, dass eine Umwelterziehung mit diesem Leitbild nicht erreicht werden kann (S. 197).

Eine *ganzheitliche Umweltbildung* hatte sich als Ziel gesetzt, die Schüler zum umweltgerechten Handeln zu erziehen, um so zu einem behutsamen Umgang mit der Natur zu führen. Seit den 90er Jahren, in denen dieses Leitbild erstmals aufkam, gelten eine „ganzheitliche Naturerfahrung und ästhetisches Erleben, praxisnaher Umweltunterricht, handelndes Lernen, Natur gestalten und pflegen [...]" (UNBEHAUEN/HACKSPACHER 2008:95) als neue Wege in eine positive und wertschätzende Einstellung zu Umwelt und Natur – Schüler sollen sich als Teil dieser begreifen. Als Antwort auf die *Konferenz über Umwelt und Entwicklung* (vgl. Kapitel 2) im brasilianischen Rio de Janeiro wandte man sich vom *Dreieck der Bedrohung* (Umweltverschmutzung, Ressourcenverschleiß, Bevölkerungsexplosion) ab und richtete den Fokus nun auf das *Dreieck der nachhalti-*

gen Entwicklung. (vgl. Kapitel 2) Das Resultat bildete ein Leitbild, das einen Ausgleich zwischen sozialen, ökologischen und ökonomischen Belangen forciert (NAGEL/ AFFOLTER 2004:96). Die Umweltbildung ging, wie bereits erwähnt, von einem Bedrohungsszenario aus und war in den meisten Fällen mit einer Schuldzuweisung an die großen Industrienationen verbunden. Dabei sollte bei den Bürgern ein schlechtes Gewissen erzeugt werden, da ihr Wohlstand auf Kosten der Armen basierend angesehen wurde. Dieser Zwischenschritt von der Umweltbildung zur Bildung für nachhaltige Entwicklung wird als Elendsszenario bezeichnet, von dem man sich schnell abwenden wollte – die Folge waren Modernisierungsszenarien, die als Neuorientierung angesehen wurden und den ersten Schritt in die Bildung für nachhaltige Entwicklung bildeten (HAAN 2006:5). Dieses wegweisende Leitbild vor der eigentlichen Bildung für nachhaltige Entwicklung, der sogenannte *Umweltschützer,* ist das umfassendste Leitbild in der Umweltbildung. Es baut auf den vorherigen Leitbildern auf, geht aber noch eine Stufe weiter. Es bezieht den Menschen als Verursacher, aber auch als potentiellen Verhinderer der Probleme mit ein (HEMMER 1998:197). Als globaler Unterstützer für die Etablierung dieses neuen Leitbildes wurde auf dem Weltgipfel zur nachhaltigen Entwicklung in Johannesburg 2002 die *Weltdekade der Bildung für nachhaltige Entwicklung* für den Zeitraum von 2005 bis 2014 ausgerufen. Grund dafür war die Erkenntnis, dass Bildung als zentraler Stellenwert angesehen wurde (Nagel/Affolter 2004:96). Ein Punkt, in dem dies ersichtlich wird, ist die in Kapitel 3.1. bereits angesprochene Primarschulbildung. Eine gebildete Frau bekommt weniger, dafür aber gesündere Kinder und ist für Wirtschaft und Gesellschaft wesentlich autarker und attraktiver. Im folgenden Unterkapitel soll die Bildung für nachhaltige Entwicklung, welche direkt mit einigen Zusätzen aus der Umweltbildung hervorgeht, erläutert werden.

4.1. Bildung für nachhaltige Entwicklung – was ist das?

In der Umweltbildung, die bis in die 90er Jahre des 20. Jahrhunderts praktiziert wurde, wird meistens tatsächlich nur die Thematik der Umwelt behandelt. In diesem Zusammenhang nimmt der Schüler einmal die Rolle des *Naturforschers*, die des *Naturfreundes*, des *Naturschützers* oder des *Umweltschützers* ein, und soll erkennen, dass er maßgeblich an der Entwicklung seiner Umwelt beteiligt ist. Das Thema nachhaltige Entwicklung wird für Schüler jedoch in keinen Zusammenhang mit Umweltbildung gebracht. Das Neue an der Bildung für nachhaltige Entwicklung ist folglich die Verknüpfung dieser zwei Problemfelder, die sonst in der Regel getrennt von einander diskutiert werden. Begonnen hat die Bildung für nachhaltige Entwicklung bereits 1996 – vier Jahre nach der Konferenz in Rio de Janeiro. Auf dieser Konferenz wurde auch die in Kapitel 2 erwähnte *Agenda 21* beschlossen, die von 178 Staaten unterzeichnet wurde. Paragraph 36 dieser Agenda widmet sich im speziellen der Bildung und deren Bedeutung im Prozess der nachhaltigen Entwicklung. Ohne die Herausbildung eines Bewusstseins und ohne eine weltweite Bildungsinitiative ist eine nachhaltige Entwicklung nicht zu gewährleisten. Mit der Vision einer nachhaltigen Entwicklung werden nun die Themen der Umwelt und Entwicklung zusammengeführt (HAAN 2006:4). Auf dem *Weltgipfel für nachhaltige Entwicklung* in Johannesburg (2002) wurde noch einmal der hohe Stellenwert der Bildung bekräftigt. An dieser Stelle wird auch mit der *Weltdekade für nachhaltige Entwicklung* (2005-2014) eine weltweite Bildungsinitiative geschaffen, auf die sich Haan 2006 beruft (UNBEHAUEN/HACKSPACHER 2008:96). Ziel ist es, heute so zu wirtschaften, die Politik so zu gestalten und so zu leben, dass für nachfolgende Generationen lebenswerte Verhältnisse geschaffen werden (HAAN 2006:4).

Abbildung 4: Das Logo der Weltdekade der Bildung für nachhaltige Entwicklung (Quelle: www.bne-portal.de)

Die Bildung für nachhaltige Entwicklung entfernt sich von dem Bedrohungsszenario der 90er Jahre und wendet sich stattdessen einem Modernisierungsszenario zu. Für die Schüler geht es darum, „kreative Lösungen zu lernen, welche eine ökonomische Prosperität und den Schutz der Natur zugleich ermöglichen" (HAAN 2006:5). Als Konzept sieht die OECD folgende drei Schlüsselkompetenzen, welche eine erfolgreiche Ausstattung für ein erfolgreiches Leben im 21. Jahrhundert darstellen:

- Handeln in heterogenen Gruppen
- Interaktive Nutzung von Methoden und Kommunikationswerkzeugen
- ein autonomes Handeln (UNBEHAUEN/HACKSPACHER 2008:96)

Für die Bildung für nachhaltige Entwicklung bildete sich eine spezielle Kompetenz heraus, die als ein entscheidender Schritt der letzten Jahre angesehen wird – die Gestaltungskompetenz. Hintergrund für diese Kompetenz waren fehlende Bildungsziele, die mit der Nachhaltigkeitsidee verbunden sind und zudem klare Formulierungen über Fähigkeiten enthalten, die den Schülern mit auf den Weg gegeben werden sollen. Grundtenor dieser Kompetenz ist die Fähigkeit, das Wissen über nachhaltige Entwicklung anwenden zu können und Probleme nicht-nachhaltiger Entwicklung zu erkennen (Haan 2006:5). Insgesamt umfasst die Gestaltungskompetenz acht näher definierte Teilkompetenzen, die in Abbildung 5 dargestellt sind:

Abbildung 5: Die Teilkompetenzen der Gestaltungskompetenz (Quelle: Haan 2007)

Insgesamt erzielt die Gestaltungskompetenz die Fähigkeit, bei Schülern Gegenwarts- und Zukunftsstudien zu analysieren, um daraus Schlussfolgerungen über ökologische, ökonomische und soziale Entwicklungen in ihrer wechselseitigen Abhängigkeit formulieren zu können. Sie können auf Basis dieser Folgerungen Entscheidungen treffen, sie verstehen und individuell gemeinschaftlich und politisch umsetzen. All dies dient einer Umsetzung nachhaltiger Entwicklungsprozesse (PROGRAMM TRANSFER 21 2007:11).

Insgesamt stellt das Projekt der Bildung für nachhaltige Entwicklung große Herausforderungen an die Schule. Insbesondere umweltbezogene Themen sind in ihrer Komplexität nicht allein von einem Fach zu erschließen, sondern bieten sich für eine Förderung fachübergreifender Zugänge und vernetzter Denkweisen nahezu an. Gefordert sind in der Zukunft vor allen Dingen themenspezifische und zeitlich abgestimmte Synchronisierungen der schulinternen Lehrpläne. Insgesamt sind partizipative Methoden besonders geeignet, Schülern den Zugang zu nachhaltiger Entwicklung zu ermöglichen. Hierzu zählt situiertes Lernen, bei dem davon ausgegangen wird, dass sich Wissen aus der Wechselwirkung zwischen dem Lernenden und seiner Lernumgebung entwickelt. Aber auch selbstorganisiertes Lernen, Planspiele, eine Zukunftswerkstatt, ein Syndromansatz und nachhaltige Schülerfirmen sind gute Methoden für den Zugang zur nachhaltigen Entwicklung (BAHR 2007:12).

4.2. Bildung für nachhaltige Entwicklung in deutschen Schulen

Nachdem die Bildung für nachhaltige Entwicklung nun im internationalen Zusammenhang erläutert wurde, soll in diesem Kapitel dargestellt werden, wie die Umsetzung dieses globalen Projektes auf nationaler Ebene in Deutschland stattfindet.

Begonnen wurde in Deutschland mit einem Programm der *Bund-Länder-Kommission* (BLK) – dem sogenannten BLK Programm „21". *21* steht als Kennziffer für das 21. Jahrhundert, in der das Programm sowie die komplette Nachhaltigkeitsidee umgesetzt werden sollen. Dieses Programm nimmt zwei zentrale Entwicklungen von hoher Relevanz für die Bildung auf: erstens die von 178 Staaten unterzeichnete *Agenda 21* und zweitens das Konzept der Kompetenzen als Lernziel. Es waren fast 200 Schulen in 15 Bundesländern an der Durchführung beteiligt.

Für dieses Programm wurden zwei wesentliche Ziele definiert:

- Eine **Verankerung der Bildung für nachhaltige Entwicklung in der schulischen Regelpraxis**. Dieses Ziel umfasst hauptsächlich eine Veränderung in der Organisation und Gestaltung von Schulen, entsprechende Ergänzungen oder

Neuformulierungen von Lehr- und Rahmenplänen sowie generelle Veränderungen bei der Formulierung von Bildungszielen und Gewichtung von Unterrichtseinheiten.
- Eine **Vermittlung von Gestaltungskompetenz an Schülerinnen und Schüler** (vgl. Kapitel 4.1.).

Für die Umsetzung dieser Ziele wurde eine interdisziplinäre Herangehensweise im Sinne der Agenda 21 gewählt. Dabei sollten möglichst viele Akteure einbezogen werden. Insgesamt bestand die *Beschulung* aus drei Modulen:

- **Interdisziplinäres Wissen**: In diesem Modul soll u. a. der Erwerb einer Problemlösekompetenz sowie die Fähigkeit, sich verändernden Problemlagen stellen zu können, erlernt werden. Des Weiteren sollen erworbene Fähigkeiten und Wissensbestände erweitert werden.
- **Partizipatives Lernen**: Die Möglichkeit der Teilhabe ist ein Kernpunkt der *Agenda 21*. Den Schülern muss vermittelt werden, wie Möglichkeiten der Teilhabe erkannt, genutzt und erarbeitet werden können. Die Erlernung und Förderung von Kompetenzen wie Vernetzung, Planung, Kommunikation, Kooperation, Risikowahrnehmung und -abschätzung sind unabkömmlich. Die Erprobung eines solchen Unterrichts war Teil dieses Moduls.
- **Innovative Strukturen**: Die Umgestaltung von Schule, eine Orientierung an Leitbildern, das Herausarbeiten eines eigenständigen Profils, die Fähigkeit zur Selbstorganisation – nur Stichworte, die dieses Modul kennzeichnen (BLK 2005:3-8).

Als große Errungenschaft wird das sogenannte *Multiplikatorenprogramm* angesehen. In diesem Programm haben sich Lehrer, Mitarbeiter von Landesinstituten oder außerschulische Partner als Fortbildner qualifiziert. Das BLK-Programm „21" ist am 31. Juli 2004 nach einer Laufzeit von fünf Jahren ausgelaufen. Nach dessen Beendigung konnte jedoch eine positive Bilanz gezogen werden, die unter anderem die Tatsache einschließt, dass die Bildung für nachhaltige Entwicklung an den Programmschulen und in den beteiligten Ländern der Bundesrepublik dauerhaft verankert werden konnte. Schülern konnte die Aneignung von Gestaltungskompetenz ermöglicht werden. Es kam zur Entwicklung von modernen Unterrichtsformen, die weit über das klassische Modell des fragend-entwickelnden Unterrichts hinausgehen. Planung und Durchführung sind nicht mehr ausschließlich an den Lehrkörper gebunden – die Schüler haben essenzielle Teilhabe an verschiedenen Handlungsfeldern in der Schule. Darüber hinaus kam es zu einem großen Pool an Kompetenzen bei den Lehrkräften, die das Programm in den nächsten Jahren ohne das BLK-Programm „21" fortsetzen werden. Dem gegenüber stehen nur sehr wenige Misserfolge: So konnte die Zahl von Schulen, die im Programmverlauf neu dazukamen, nicht wesentlich erhöht werden. Eine Einbindung der Eltern in schulische Aktivitäten ist ebenfalls weiterhin problematisch, ebenso die mangelnde Verankerung der Bildung für nachhaltige Entwicklung in der Lehrerausbildung (BLK 2005:46-47).

Als Nachfolger für dieses Programm trat *Transfer 21* in Kraft. *Transfer 21* griff nach Beendigung des BLK-Programmes „21" im Jahr 2004 dessen Erfahrungen auf und versuchte, auf diesen aufbauend, weitere Verbesserungen zu erzielen. Insgesamt lagen dem Nachfolgeprogramm große Mengen von Unterrichtsmaterialien, Handreichungen über Organisation von Bildung für nachhaltige Entwicklung und Lehrerfortbildungskonzepte vor. Hauptaufgabe von *Transfer 21* war es nun, die Bildung für nachhaltige Entwicklung in den allgemein bildenden Schulen weiter zu streuen und zu verankern. Dabei wurde sich auf folgende Aufgaben konzentriert:

- Bis 2008 sollten die Inhalte des BLK-Programmes „21" von 10 % der allgemein bildenden Schulen getragen und dort in die schulische Regelpraxis weiter integriert werden. Möglich wurde dies durch eine weite Streuung der Materialien, durch Fortbildungen, ein reiches Internetangebot und ganz wesentlich durch Kampagnen, wie zum Beispiel *Agenda-Schule* oder *GLOBE*.
- Es sollten dauerhafte Beratungs- und Unterstützungsstrukturen etabliert werden.
- Das im BLK-Programm „21" eingerichtete Multiplikatorenprogramm sollte weiter ausgebaut werden, damit in jedem Bundesland ein Kreis von Experten vorhanden ist. Als Experten kamen insbesondere Personen von Landesinstituten und Umweltbildungszentren in Frage.
- Vollkommen neu war die Ausbreitung auf Grund- und Ganztagsschulen. Das BLK-Programm „21" konzentrierte sich wesentlich auf die Sekundarstufe I und II.
- Eine bessere Lehrerausbildung sollte durch Kooperationen mit den Universitäten, den Studienseminaren und Landesinstituten ermöglicht werden. Dabei kam es zu

einem Zusammenwirken von Schulen, Multiplikatoren, Universitäten und Studienseminaren in regionalen und/oder landesweiten Kompetenznetzwerken (FU Berlin 2009).

Das Programm endete im Juli 2008 - ebenfalls erfolgreich.

4.3. Bildung für nachhaltige Entwicklung im Geographieunterricht

Fast alle Aktionsthemen der *Konferenz über Umwelt und Entwicklung*, sei es Umwelt, Wasser, ländliche Entwicklung, nachhaltiger Konsum oder Tourismus, besitzen eine geographische Dimension. Dies zeigt wiederum die Notwendigkeit, dieses Paradigma auf allen Bildungsstufen und in allen Regionen der Welt in den Geographieunterricht einzuführen (IGU 2007:8).

Bereits im Jahr 1995 hat KROSS den Eine-Welt-Gedanken und die Umweltproblematik aufgegriffen und verarbeitet (vgl. KROSS 1992:62). Heute gilt das Bild der Einen-Welt als selbstverständlich und erhält in der nachhaltigen Entwicklung „als primäre Handlungsebene eine Schlüsselfunktion" (Bahr 2010:11). Aufgrund des natur-, sozial- und wirtschaftswissenschaftlichen Ansatzes der Geographie ergibt sich für das Fach ein erhebliches Potenzial für vernetztes Denken und das Verstehen von Zusammenhängen im System. Dabei kommt BAHR (2010) zu dem Schluss, dass gerade das Fach Geographie erhebliche fachliche und methodische Kompetenzen vermittelt, die Lösungen für komplexe Probleme ermöglichen. Ein zentraler Kern des Faches ist demnach die ganzheitliche Betrachtung des Gesellschafts-Umwelt-Verhältnisses. Dadurch werden Lösungsansätze aufgezeigt, die für Sicherung und Erhalt von Lebensräumen sowie für raumbezogene Planung in der Politik benötigt werden.

In den Bildungsstandards für Geographie heißt es einleitend:

> „Geographie ist neben Biologie das zentrale Fach der Umweltbildung. Schülerinnen und Schüler erleben hier am Beispiel vieler Umweltthemen in Nah- und Fernräumen die notwendige Vernetzung von natur- und gesellschaftswissenschaftlichem Denken. Daneben sind die entwicklungspolitische Bildung und das Interkulturelle Lernen besonders wichtige Anliegen des Geographieunterrichts. Indem sich Schülerinnen und Schüler mit natürlichen sowie wirtschaftlichen, politischen und sozialen Zusammenhängen in verschiedenen Regionen der Erde auseinandersetzen, erwerben sie wichtige Kompetenzen für diese Bereiche. Bedingt durch seine Inhalte und Funktionen ist das Unterrichtsfach Geographie der Bildung für eine Nachhaltige Entwicklung [...] sowie dem Globalen Lernen besonders verpflichtet." (DGfG 2010:7)

Auch HEMMER (1998) merkt an, dass der Geographieunterricht besonders geeignet ist, Schüler zum nachhaltigen Handeln zu erziehen. Sie stellt fest, dass Umweltthemen und Themen der Entwicklung seit längerem zu den favorisierten Themen bei Kindern bzw. Jugendlichen im Geographieunterricht zählen. HEMMER bemängelt jedoch, dass lokale Umwelt- und Entwicklungsprobleme zwar thematisiert, jedoch getrennt voneinander behandelt werden (HEMMER 1998:203). Inzwischen werden Themen der Umwelt und Entwicklung miteinander verknüpft. In den Rahmenrichtlinien des Landes Sachsen-Anhalt[3] lautet ein Themenbereich in der 10. Jahrgangsstufe: *Globale Menschheitsprobleme und Zukunftsfähigkeit*. In diesem wird das System Erde behandelt, wobei „Kernprobleme des globalen Wandels; [...] Syndrome als typische Muster der Mensch-Umwelt-Interaktion [und das] Leitbild der nachhaltigen Entwicklung" (KULTUSMINISTER 2003:87) Gegenstand der Auseinandersetzung sind. Es wird ersichtlich, dass die 1998 noch bemängelte, fehlende Verknüpfung bereits hergestellt ist.

Schlussfolgernd sind einige Konsequenzen für den Geographieunterricht unabdingbar. Einige von ihnen sind bereits gang und gäbe, andere wiederum sind es nur teilweise, zum Beispiel nur beim jüngeren Lehrpersonal. Dennoch muss überprüft werden, ob bei dem Thema, welches im Unterricht behandelt werden soll, eine Verknüpfung zwischen umwelt- und entwicklungspolitischer Bildung hergestellt werden kann, und ob diese, wenn vorhanden, auch wirklich didaktisch fruchtbar ist. Es muss des Weiteren geprüft werden, ob globale Perspektiven auf lokale Prinzipien angewendet werden können. Als Thema bietet sich zum Beispiel der Anbau von Monokulturen an. Ihr Anbau in Indonesien hat die gleichen Vor- und Nachteile wie in der Region des Schülers. Außerdem muss vom konzentrischen Denken im Geographieunterricht losgelassen werden (vom Nahraum in die Ferne). Es sollte vielmehr ein Bestreben darstellen, auch diese Bereiche zu verknüpfen, um die bereits angesprochene Eine-Welt und nachhaltige Entwicklung bewusst zu machen. Eine starke nationale Betonung ist mit dem Leitbild der nachhaltigen Entwicklung nicht vereinbar. Des Weiteren sind positive Beispiele sehr wichtig für den Lernerfolg und die Motivation der Schüler, Nachhaltigkeit auch in ihren Alltag zu integrieren. Die

---

[3] In diesem Buch wird auf die Rahmenrichtlinien des Landes Sachsen-Anhalt Bezug genommen, da die sich anschließende empirische Studie in diesem Bundesland durchgeführt wurde. Dies soll zu einer besseren Deutbarkeit der Daten führen.

Schüler müssen darüber aufgeklärt werden, dass es Industriebetriebe gibt, die sich um Nachhaltigkeit in ihrer Region bemühen. Der Versuch kann unternommen werden, sich als Gruppe, Klasse oder Schule an der lokalen Agenda zu beteiligen (vgl. Was bedeutet nachhaltige Entwicklung?). Schließlich sollte eine Umorientierung vom fragend-entwickelnden Unterrichtsprinzip zum handlungsorientierten Unterricht stattfinden – empirische Studien haben gezeigt, dass dieser am effektivsten für die Lernleistung von Schülern ist (Hemmer 1998:205).

5. Jugend und nachhaltige Entwicklung

Annähernd 30 % der Weltbevölkerung sind Jugendliche. Damit die Agenda 21 ein Erfolg wird, ist es unabdingbar, Jugend in Entscheidungsprozesse auf dem Gebiet der Umwelt und Entwicklung einzubeziehen (Agenda 21 1992:281). In der Agenda 21 heißt es dazu:

> „Die Kinder werden nicht nur die Verantwortung für die Erde erben, sondern sie stellen in vielen Entwicklungsländern auch fast die Hälfte der Bevölkerung. Außerdem sind Kinder sowohl in den Entwicklungsländern als auch in den Industrieländern überaus anfällig für die Auswirkungen der Umweltverschlechterung. Darüber hinaus sind sie auch sehr bewusste Verfechter des Umweltgedankens. Die besonderen Interessen der Kinder müssen bei dem partizipativen Entscheidungsprozess zu Umwelt und Entwicklung berücksichtigt werden, damit die künftige Nachhaltigkeit aller zur Umweltverbesserung ergriffenen Maßnahmen sichergestellt ist." (Agenda 21 1992:283)

Ob die Jugendlichen um ihren persönlichen Stellenwert für das Fortbestehen der Erde - wie wir sie kennen - wissen, soll in diesem Kapitel dargestellt werden.

Das Bild der Jugend ist heute durch gesellschaftlichen Wohlstand und dem selbstverständlichen Rückgriff auf materielle Ressourcen geprägt (GODEMANN 2006:66). In den letzten Jahren zeichnet sich jedoch ein Wandel in der Jugendkultur ab. Die Jugendlichen der 1970er und 1980er Jahre sind in einer Zeit aufgewachsen, in der die Umweltbewegung großen Zulauf hatte – diese Tatsache kann ein umweltfreundliches Verhalten im Alter zur Folge haben. Für ältere Generationen, zum Beispiel die Generation der 1950er Jahre, kann die Mangelsituation der Nachkriegszeit und die damit verbundene Sparsamkeit zu einem umweltgerechterem Verhalten führen (TULLY/KRUG 2011:96-97), wenngleich auch in dieser Generation der Mangel an Gütern und finanziellen Mitteln eher zur Sparsamkeit antrieb als ein vorherrschendes Umweltbewusstsein. In der heutigen *Überflussgesellschaft* ist es durchaus nicht selbstverständlich, dass eine erlernte, durch Mangel erzeugte Sparsamkeit auch zu einer umweltgerechteren Verhaltensweise im alltäglichen Leben führt.

Die Jugendlichen von heute sind jedoch in einer von Konsum und Medien geprägten Gesellschaft aufgewachsen, in der Themen wie Sparsamkeit und Umweltzerstörung nicht mehr bedingungslose Priorität besitzen. Jugendliche sehen sich heutzutage zum Beispiel mit dem Thema der dauerhaft hohen Arbeitslosenquote konfrontiert. Entsprechend rücken globale Themen wie Umweltprobleme und Umweltschutz in den Hintergrund und machen Platz für Fragen der eigenen Existenzsicherung (TULLY/KRUG 2011:97).

Jugendliche werden sehr stark von ihrem sozialen Umfeld beeinflusst. Bei der Betrachtung der Faktoren, die Jugendliche in ihren Entscheidungen beeinflussen, müssen die Familie, *Peers* und die schulische Bildung einbezogen werden. Schon die Tatsache, dass Kind A auf dem Land aufwächst und Kind B in der Stadt, kann zu einer Verzerrung der Wahrnehmung führen. Für Kind A scheint die Umgebung, in der es aufwächst, natürlich und intakt zu sein, was wiederum zu einer verringerten Wahrnehmung von Umweltproblemen führt – dem gegenüber steht die Ansicht von Kind B, das in der Stadt aufgewachsen ist, und keine natürlich idyllische Landschaft vor der Haustür hat. Ein messbarer Einfluss des schulischen Werdegangs zeigt sich zuerst im Wissensstand der Jugendlichen. Es kann verallgemeinernd gesagt werden, dass das Umweltbewusstsein von der Berufsfachschule zum Gymnasium zunimmt (vgl. Abbildung 6).

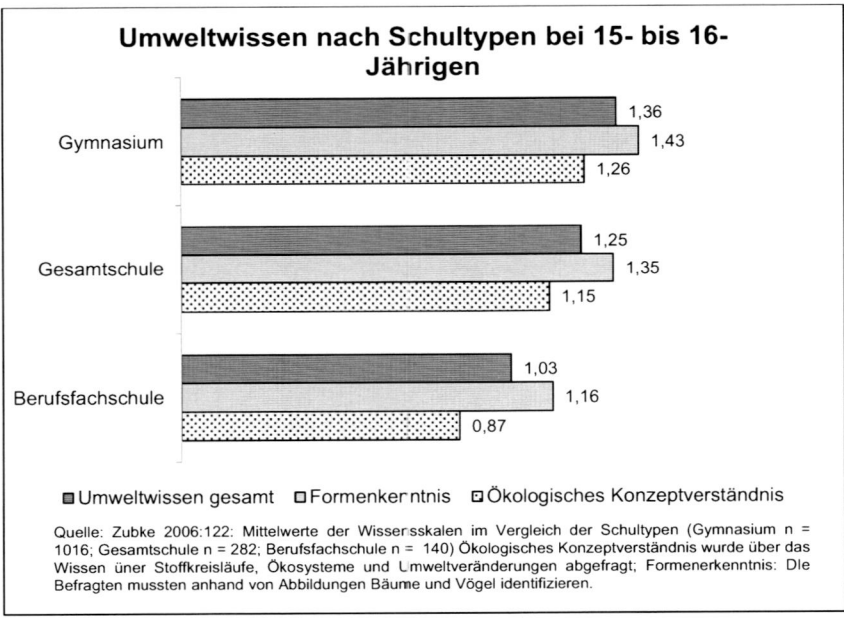

Abbildung 6: Umweltwissen nach Schultypen bei 15- bis 16-Jährigen (Quelle: nach Tully/Krug 2011:101)

Die Familie hat einen hohen Einfluss auf Prägung und Entwicklung eines Heranwachsenden, jedoch nimmt dieser Einfluss mit voranschreitendem Jugendalter immer mehr ab. In einer Familie mit einem höheren Bildungsstand ist das Thema Nachhaltigkeit eher anzutreffen – genauso sind finanzielle Mittel der Familie für den Stellenwert von

Nachhaltigkeit entscheidend. Mit Blick auf die *Peers* lässt sich jedoch zusammenfassend sagen, dass Jugendliche eher durch die Wahrnehmung der *Peers* und weniger durch die Wahrnehmung der Familie beeinflusst werden (Tully/Krug 2011:95-102). TULLY und KRUG machen Nachhaltigkeit von Jugendlichen an deren Konsumverhalten fest, da Umwelt und Nachhaltigkeit auf das engste mit diesem Faktor verknüpft sind. So spiegelt ihrer Auffassung nach der Konsum die Gesellschaft wieder, da Konsumverhalten unmittelbar mit Arbeits- und Lebensbedingungen zusammenhängt (S. 93). GODEMANN ist der Ansicht, dass ein Zugang zu Nachhaltigkeit und nachhaltiger Entwicklung über Umweltfragen und -probleme geschaffen werden kann. Doch auch sie kommt zu dem Schluss, dass die Thematik der Umwelt eher ein Begriff früherer Generationen ist, stellt jedoch zugleich die Frage, ob diese Verdrossenheit nur für den Begriff oder auch dessen Inhalt gilt. Die 14. Shell-Studie aus dem Jahr 2002 hat gezeigt, dass dem Thema Umwelt unter Jugendlichen inzwischen keine große Bedeutung mehr zukommt – auch das Engagement ist signifikant zurückgegangen. Andere Studien kommen jedoch zu dem Ergebnis, dass Jugendliche durchaus an Umweltthemen interessiert sind (zum Beispiel in der Studie: *Umweltbewusstsein in Deutschland 2004*. Hier lag der Umweltschutz auf Platz 3). Diese Studien zeigen, dass eine einheitliche, allgemein gültige Feststellung nicht möglich ist. Dies wird auch dadurch ersichtlich, dass es dennoch in der Regel Jugendliche sind, die gegen Globalisierung protestieren. Wie groß die Bereitschaft ist, zeigt auch der zur Rio-Folgekonferenz in Johannesburg 2002 veranstaltete *Youth Action Summit* in Utrecht. Insgesamt rücken Umweltthemen in den Hintergrund und schaffen Platz für einen Perspektivwechsel. Es werden soziale und globale Probleme unter den Jugendlichen diskutiert – Umweltthemen werden als in der Pädagogik selbstverständlich angesehen und benötigen keinerlei Gesprächsbedarf mehr – eine gewisse Selbstverständlichkeit scheint für den Umweltbegriff erreicht zu sein, sodass sich Jugendliche anderen Perspektiven widmen (Godemann 2006:67-68).

Wichtig ist es, dem Gesprächsbedarf und dem Interesse der Jugendlichen adäquat zu begegnen, damit die Verstrickung der Konzepte *Jugend* und *Nachhaltigkeit* in der Zukunft gelingen kann. Wie Jugendliche letztendlich den Begriff der Nachhaltigkeit sehen, was sie darüber wissen und wie sie sich alltäglich verhalten, soll in den kommenden Kapiteln empirisch dargestellt werden.

6. Problemstellung und Zielsetzung

Kennen Schüler die Thematik der Nachhaltigkeit? Leben sie danach? Was wissen sie bereits über dieses Thema, was wissen sie noch nicht? Gibt es Unterschiede zwischen den Geschlechtern beim Thema Nachhaltigkeit? Haben Schüler Interesse an nachhaltiger Entwicklung? Gibt es jahrgangsspezifische Unterschiede in der Schule?

Die sich an dieses Kapitel anschließende empirische Studie soll mit ihren 162 Probanden die obigen und weitere Fragen klären.

Das Thema der Nachhaltigkeit bzw. der nachhaltigen Entwicklung ist ein aktuelles Thema in unserer Gesellschaft und wird in den nächsten Jahren an Relevanz hinzugewinnen. Aus diesem Grund rückt es auch immer mehr in den Ereignis- und Wahrnehmungshorizont der Schüler. Diese Studie soll klären, inwieweit die Nachhaltigkeitsidee zu den Schülern vorgedrungen ist – wo es Unterschiede gibt, aber auch Gemeinsamkeiten. Zu Beginn soll das verwendete Material vorgestellt werden.

7. Material und Methode

7.1. Untersuchungsdesign und Datenerhebung

Bei der hier vorgestellten empirischen Studie handelt es sich um eine Querschnittsuntersuchung, die das Wissen sowie die Einstellung zur nachhaltigen Entwicklung von Schülern der Jahrgangsstufen 7 bis 10 erfasst.

Die Datenerhebung wurde in der ersten Schulwoche des Schuljahres 2011/2012 in Sachsen-Anhalt durchgeführt. Nach der Genehmigung durch die Landesverwaltung wurden in den zufällig ausgewählten Klassen Briefe verteilt, um die Eltern über eine kommende Datenerhebung in Kenntnis zu setzen. In diesen Briefen mussten sie ihr Einverständnis zur Teilnahme ihres Kindes erklären. Insgesamt lehnten circa 40 Eltern oder Schüler die Teilnahme ab. Die Rücklaufquote der Fragebögen liegt bei 100 %. Bei der Durchführung der Erhebung ergaben sich keine Probleme.

7.2. Das Messinstrument

Um die Einstellungen und das Wissen von Schülern über nachhaltige Entwicklung zu erfassen, wurde ein Fragebogen genutzt, der sich in die vier Teilbereiche A, B, C und D untergliedert (vgl. Anhang A). Die Zusammensetzung des Fragebogens ist in Abbildung 7 grafisch dargestellt.

Aufbau des Messinstruments

(A)	(B)	(C)	(D)
Persönliche Daten	Aktuelles Verhalten	Wissen über nachhaltige Entwicklung	Einstellung zur nachhaltigen Entwicklung

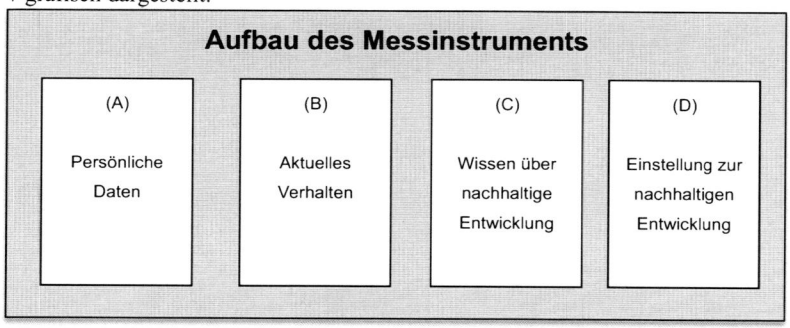

Abbildung 7: Aufbau des Messinstruments

Abschnitt A deckt die persönlichen Daten der teilnehmenden Person wie das Alter, das Geschlecht und die Klassenstufe ab.

Der zweite Abschnitt des Fragebogens, Teil B, umfasste insgesamt 9 Items, die darauf ausgelegt waren zu erfahren, wie sich die Schüler aktuell im Alltag verhalten. In diesem zweiten Bereich konnten die Schüler nur eine Antwort pro Item wählen. Eine Ausnahme ist hierbei die Frage nach der Bereitschaft, für Gegenstände des täglichen Gebrauches mehr Geld auszugeben, wenn es der Umwelt helfen würde. An diesem Punkt war eine Mehrfachnennung möglich. In diesem Bereich des Fragebogens wurden Items gewählt, die Schüler direkt betreffen, wie zum Beispiel das Verkehrsmittel, das sie nutzen, um die Schule zu erreichen. Aber er beinhaltete auch Itemformulierungen, auf welche die Schüler nur bedingt bis gar keinen Einfluss haben, da die Entscheidungsmacht darüber bei den Eltern liegt. Dies waren zum Beispiel Fragen nach der Verwendung erneuerbarer Energien oder das Nutzen von Energiesparlampen im Haushalt.

Der dritte Abschnitt, Teil C, ergründet das Wissen der Schüler über nachhaltige Entwicklung. Hier sind insgesamt zehn Items formuliert. Bei drei der zehn Items muss von den Teilnehmern ein Begriff oder ein Satz formuliert werden. Bei weiteren vier Fragen soll jeweils eine vorgegebene Antwort ausgewählt werden. Bei der Frage nach dem umweltfreundlichsten und umweltschädlichsten Verkehrsmittel kommt es zu einer abgestuften Nummerierung seitens der Schüler von 1 bis 4. Für die Fragestellungen C7 und C10 wurden Symbole dargestellt, welche die Schüler im Fall von C7 mit einem Begriff und im Fall von C10 mit einer kurzen Erklärung beschreiben sollen. Die Items des Bereiches *C - Wissen über nachhaltige Entwicklung* - waren hauptsächlich an Formulierungen aus Schulbüchern der Jahrgangsstufe 7-10 angelehnt.

Teil D fragt schließlich nach der Einstellung der Schüler zum Thema nachhaltige Entwicklung. Hierbei wurden neun Thesen formuliert, die die Teilnehmer anhand einer Likert-Skalierung bewerten sollen. Dabei wurde eine fünf-stufige Einteilung gewählt, da zu Erwarten war, dass Schüler sich weder klar für noch gegen eine Behauptung aussprechen wollen. Des Weiteren soll von den Teilnehmern eine grafische Darstellung bearbeitet werden, die als Beizettel den Fragebogen begleitete und zu Teil D gezählt werden kann.

7.3. Die Stichprobe

Die Datenerhebung fand an einem städtischen Gymnasium in den Klassenstufen 7 bis 10 statt. Es wurden jeweils zwei zufällig ausgewählte Klassen einer zu untersuchenden Klassenstufe befragt. Insgesamt nahmen 162 Schüler ($n = 162$) teil, die sich in 82 männliche ($n = 82$) und 79 weibliche ($n = 79$) Teilnehmer aufgliedern. Das Geschlechterverhältnis betrug insgesamt 1:0,96 (m/w). Dabei besuchten 43 Schüler ($n = 43$) die Jahrgangsstufe 7, 46 Schüler ($n = 46$) die Jahrgangsstufe 8, 44 Schüler ($n = 44$) die Jahrgangsstufe 9 und 29 Schüler ($n = 29$) die Jahrgangsstufe 10. Eine genaue Aufteilung der Geschlechter nach Jahrgangsstufe sowie weitere Merkmale gehen aus Tabelle 2 hervor. Aufgrund einzelner fehlender Werte weichen die Fallzahlen in den durchgeführten Analysen von der Gesamtteilnehmerzahl ab.

Für die Klassenstufen 7 bis 9 zeigt sich eine homogene Verteilung, was die Gesamtanzahl an teilnehmenden Schülern betrifft. Der Einbruch der Teilnehmerzahl in der Klassenstufe 10 ist durch die Möglichkeit der Abwahl des Faches Geographie zu erklären. Ab diesem Zeitpunkt wird der Unterricht in Kursen mit einer geringeren Schülerinnen- und Schülerzahl erteilt. Ein Kurs besteht hierbei aus Schülern mehrerer Klassen, das Alter der Schüler bewegt sich zwischen 11 und 16 Jahren. Es ergibt sich folglich ein Durchschnittsalter von 13,58 Jahren (SD = 1,116).

Jahr-gangs-stufe	Teilnehmer			Geschlechterverhältnis[4]	Prozentuale Verteilung
	männlich n	weiblich n	gesamt n		
7	20	23	42	0,87 : 1	25,93%
8	20	26	46	0,77 : 1	28,40%
9	24	19	44	1 : 0,79	27,16%
10	18	11	29	1 : 0,61	17,90%
Gesamt	82	79	162	1 : 0,96	99,39%

Tabelle 2: Geschlechterverteilung nach Klassenstufen

[4] Bei den Werten handelt es sich um auf zwei Dezimalstellen gerundete Werte.

8. Darstellung der Ergebnisse

Die Darstellung der Ergebnisse erfolgt in den Kapiteln 8.1. bis 8.3. zunächst getrennt für die Bereiche *Aktuelles Verhalten, Wissen über nachhaltige Entwicklung* und *Einstellung zu nachhaltiger Entwicklung*. Im Anschluss daran folgt eine Diskussion über die Bedeutung ausgewählter unabhängiger Variablen: In Kapitel 8.4. der Einfluss des Geschlechts und in Kapitel 8.5. der Einfluss der Jahrgangsstufe.

8.1. Das aktuelle Verhalten

In diesem Kapitel wird mit der Darstellung der Nutzung erneuerbarer Energien in den Haushalten der Schüler begonnen. Nach der Beschreibung der Ergebnisse folgt eine Veranschaulichung der Nutzung von Energiesparlampen, dem Belassen von Geräten im Standby-Modus und der Durchführung von Mülltrennung.

Verwendung erneuerbarer Energien

Bei Item B8 sollten die Schüler auswählen, ob sie zu Hause erneuerbare Energien nutzen. Als Antwortmöglichkeiten standen *ja, nein* und *weiß ich nicht* zur Auswahl. Sollte die Nutzung erneuerbarer Energien vorliegen, waren die Schüler angehalten, die Arten regenerativer Energien zu nennen, die verwendet werden. Die Ergebnisse sind in Abbildung 8 grafisch dargestellt.

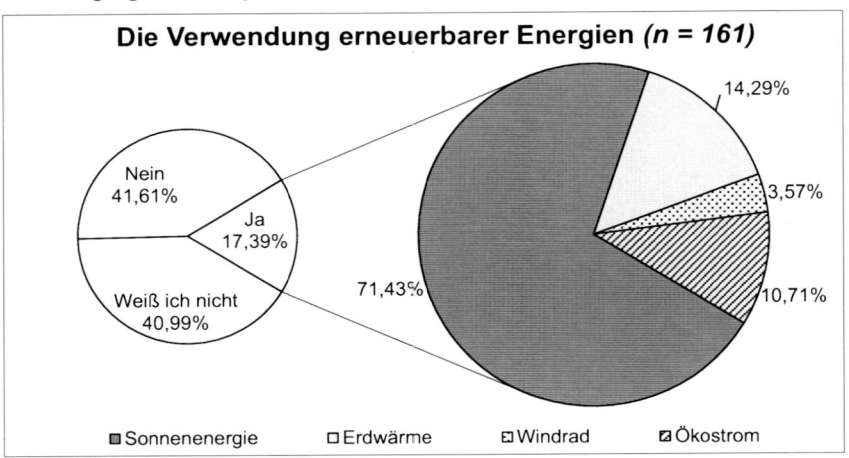

Abbildung 8 Die Verwendung erneuerbarer Energien

Insgesamt haben 161 Schüler *(n = 161)* diese Frage beantwortet. Von diesen 161 Schülern beantworteten 28 *(n = 28; 17,39%)* diese mit *ja*. Da die Schüler bei Bejahung der Frage konkretisieren sollten, welche Art regenerativer Energie sie zu Hause nutzen, wurden diese Angaben im rechten Kreisdiagramm der Abbildung 8 dargestellt. Aufgrund der Tatsache, dass 28 Schüler die Frage mit *ja* beantwortet haben, ergibt sich für das rechte Kreisdiagramm eine Teilnehmerzahl von 28 *(n = 28)*. Dabei entfällt der größte Anteil auf die Solarenergie mit 20 Nennungen *(n = 20; 71,43%)*. Zu beachten ist hierbei, dass die Schüler hauptsächlich das im Fragebogen vorgegebene Beispiel *Solarzellen auf dem Dach* notierten, wenn eine Solaranlage im Haushalt betrieben wird. Da im Falle des Begriffes *Solarzellen* jedoch zwischen Photovoltaik und Solarthermie unterschieden werden muss, dies jedoch aufgrund fehlender Konkretisierung seitens der Schüler nicht möglich ist, wird in dem oben dargestellten Diagramm der Begriff *Solarenergie* verwendet, da er sowohl Photovoltaik- als auch Solarthermieanlagen einschließt. Ein wesentlich kleinerer Anteil kann für die Nutzung von Erdwärme mit 4 *(n = 4; 14,29%)* und von Ökostrom mit 3 Nennungen *(n = 3; 10,71%)* verzeichnet werden. Ein kleines Windrad wurde lediglich von einer Schülerin bzw. einem Schüler erwähnt *(n = 1; 3,57%)*.

Energiesparlampen, Standby-Modus und Mülltrennung

Als zweiter Schwerpunkt wird die Nutzung von Energiesparlampen, das Belassen von Geräten im Standby-Modus und die Durchführung von Mülltrennung betrachtet. In Abbildung 9 wurden die Ergebnisse dazu grafisch dargestellt.

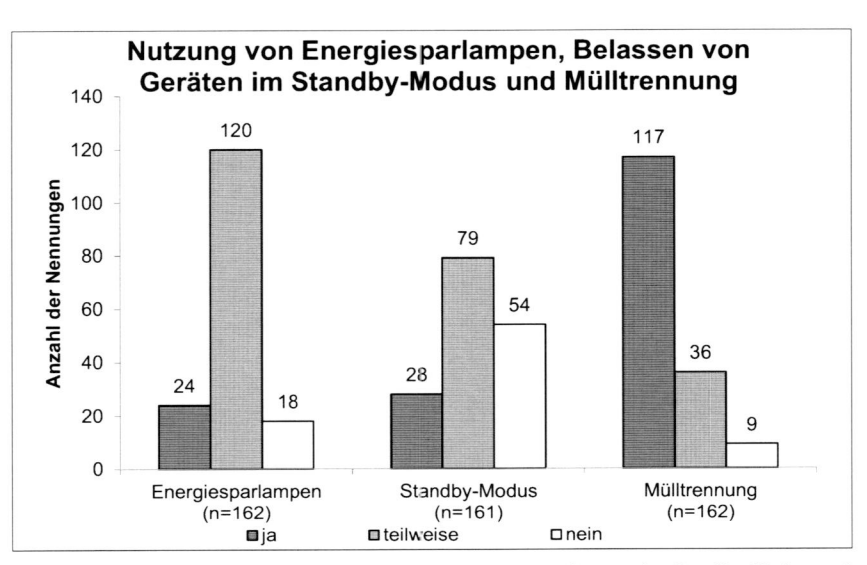

Abbildung 9: Nutzung von Energiesparlampen, Belassen von Geräten im Standby-Modus und Trennung von Müll

In der oben dargestellten Grafik werden drei separate Items des Fragebogens kombiniert dargestellt. Genauer sind dies: Item B3 – *Benutzt ihr zu Hause Energiesparlampen?* –, Item B4 – *Lässt du Geräte im Standby?* – und Item B5 – *Trennst du Müll?* Insgesamt gaben bei der Nutzung von Energiesparlampen sowie der Durchführung von Mülltrennung 162 Schüler *(n = 162)* eine Antwort. Im Falle des Belassens von Geräten im Standby waren dies 161 Schüler *(n = 161)*. Für die Auswertung der Daten wurde den drei Antwortmöglichkeiten je eine Variable zugeordnet. Dabei bedeutet *ja* = 1, *teilweise* = 2 und *nein* = 3. Diese Einteilung muss bei der Betrachtung der Mittelwerte beachtet werden. Die Mittelwerte sowie die dazugehörigen Standardabweichungen sind in Tabelle 3 dargestellt.

	Mean	SD
Energiesparlampen	1,96	0,509
Standby	2,16	0,697
Mülltrennung	1,34	0,579

Tabelle 3: Mittelwerte und Standardabweichungen zur Nutzung von Energiesparlampen, Belassen von Geräten im Standby-Modus und zur Trennung von Müll.

Im Bereich der Energiesparlampen liegt der Mittelwert der Stichprobe bei 1,96 (SD = 0,509). Das bedeutet, dass sich die Schüler im Durchschnitt für die Antwortmöglichkeit *teilweise* entschieden haben. Insgesamt gaben 24 Teilnehmer *(n = 24)* an, dass sie zu Hause Energiesparlampen nutzen. 18 Teilnehmer *(n = 18)* verneinten die Frage und die große Mehrheit von 120 Teilnehmern *(n = 120)* gab eine teilweise Benutzung von Energiesparlampen an. Das bedeutet, dass mit 74,07 % annähernd drei Viertel der Befragten Energiesparlampen teilweise nutzen.

Für den Fall des Belassens von Geräten im Standby-Modus antworteten 28 Schüler *(n = 28)* mit *ja*. Mit *nein* wurde 54 Mal *(n = 54)* geantwortet. Ein teilweises Belassen im Standby-Modus wurde von 79 Befragten *(n = 79)* angegeben. Der Mittelwert beträgt 2,16 (SD = 0,697). Somit gibt der Großteil der Antwortenden an, dass sie Geräte nur teilweise oder gar nicht im Standby-Modus betreiben.

Im Fall der Mülltrennung zeigt sich, dass hier die meisten Schüler aktiv sind. 117 der 161 antwortenden Teilnehmer gaben an, dass sie Müll trennen *(n = 117)*. Nur 9 Schüler *(n = 9)* trennen Müll nicht, 36 trennen ihn teilweise *(n = 36)*. Mit einem Mittelwert von 1,34 (SD = 0,579) liegt der Schwerpunkt der Antworten im Ja-Bereich mit 72,22 %.

8.2. Wissen über nachhaltige Entwicklung

In diesem Teil der Ausführungen soll das Wissen der Schüler über nachhaltige Entwicklung dargestellt werden. Insgesamt waren zehn Items zur Beantwortung vorgegeben, von denen hier sechs abgebildet werden. Für eine bessere Übersicht wurden die jeweiligen Items, die Gegenstand dieser Ergebnisdarstellung sind, mit Teilüberschriften versehen.

Kernelemente nachhaltiger Entwicklung

Die Frage nach den Kernelementen nachhaltiger Entwicklung war für die meisten Schüler schwer zu beantworten. Insgesamt gab mit 92 Befragten *(n = 92)* nur etwas mehr als die Hälfte eine Antwort zu diesem Item. Für die Auswertung des Items wurden nach Begutachtung der Ergebnisse Klassen gebildet, die in Abbildung 10 genannt werden. Alles in allem wurden acht Klassen gebildet. Da es sich hierbei teilweise um Mehrfachnennungen handelt, kommt es zu insgesamt 119 Angaben.

Anzahl der Nennungen von Kernelementen (n = 92)

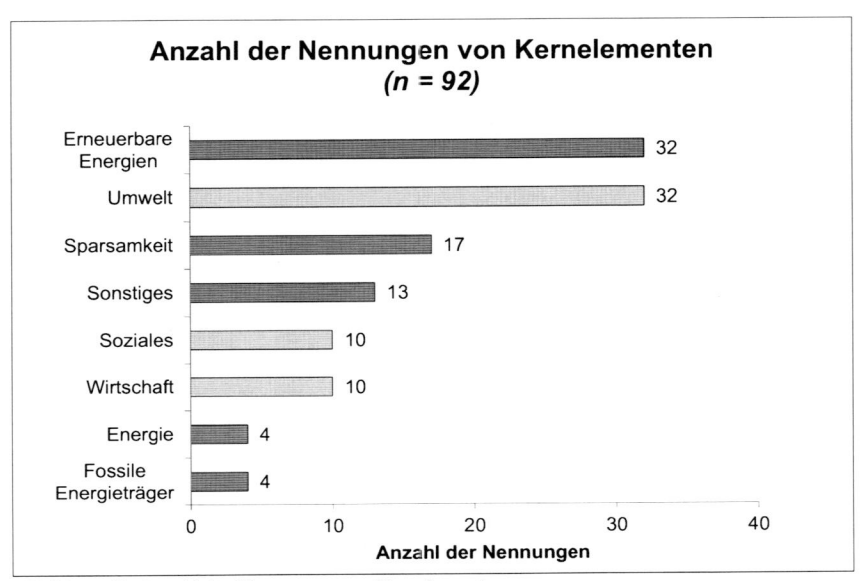

Kernelement	Anzahl der Nennungen
Erneuerbare Energien	32
Umwelt	32
Sparsamkeit	17
Sonstiges	13
Soziales	10
Wirtschaft	10
Energie	4
Fossile Energieträger	4

Abbildung 10: Anzahl der Nennungen von Kernelementen

In der obigen Darstellung sind die drei Kernelemente der nachhaltigen Entwicklung farblich different gekennzeichnet. Bei der Auswertung fiel auf, dass einige den Begriff *Kernelemente* zu wörtlich nahmen und an dieser Stelle Minerale wie Eisen oder Kupfer, aber auch Uran nannten. Dies war jedoch nur ein sehr geringer Teil. Des Weiteren ist bemerkenswert, dass die meisten Schüler an dieser Stelle bereits Maßnahmen nennen, die zu einer nachhaltigen Lebensweise beitragen. So wurde mit 32 Nennungen *(n = 32)* die Nutzung erneuerbarer Energien am häufigsten genannt. Unter diesen Bereich fallen Angaben wie die Nutzung von Wind- und Wasserkraft sowie die Einrichtung von Solaranlagen. Von den drei reinen Kernelementen *Umwelt, Soziales* und *Wirtschaft* wurde die Umwelt mit 32 Benennungen am häufigsten angegeben *(n = 32)*. Die Bereiche *Wirtschaft* sowie *Soziales* liegen im letzten Drittel mit jeweils 10 Nennungen *(n = 10)*. In die Klasse *Umwelt* wurden Nennungen wie Umweltschutz, Ressourcenschonung, oder der alleinige Begriff *Umwelt* mit aufgenommen. Unter die angegebene Klasse *Sonstiges* fallen Nennungen wie eine gesunde Lebensweise (5), Bioprodukte (3), Freizeit (2) und Recycling (3).

Denken und Handeln im Sinne nachhaltiger Entwicklung

Bei der Frage nach dem Denken und Handeln im Sinne nachhaltiger Entwicklung sind keine Differenzen zu den Kernelementen nachhaltiger Entwicklung auszumachen. Die eigentlich zu erwartenden Begriffe *langfristig, global* und *für Menschen, Tiere und Pflanzen* sind an dieser Stelle nicht zu finden. Es kommt zu einigen Umschreibungen der Begriffe wie *Verantwortungsbewusstsein* oder *Zukunftsorientiertheit*. In der Grundgesamtheit können jedoch die Klassen der Kernelemente aufgegriffen werden, da Schüler mit dem Denken und Handeln die Nutzung erneuerbarer Energien (7), Umweltschutz (19) sowie Sparsamkeit (8) verbinden. Insgesamt kam es zu einer sehr geringen Beteiligung bei der Frage nach dem Denken und Handeln im Sinne nachhaltiger Entwicklung.

Umweltverträglichkeit von Verkehrsmitteln

Bei Itemformulierung C5 sollten die Schüler eine abgestufte Nummerierung durchführen, um so Verkehrsmitteln mit Blick auf ihre Umweltfreundlichkeit bzw. ihre „Umweltunfreundlichkeit" einen Rangplatz zuzuweisen. Hierbei bedeutete eine 1, dass das Verkehrsmittel sehr umweltfreundlich ist. Eine 4 hingegen sagte aus, dass es umweltunfreundlich ist. Eine genaue Darstellung der Meinungen ist in Abbildung 11 gezeigt. Insgesamt gaben 155 Schüler *(n = 155)* eine Rangfolge bei dieser Frage ab. 115 Schüler sehen die Bahn als das umweltfreundlichste Verkehrsmittel an und bewerteten dieses mit einer 1 *(n = 115)*. Als *eher umweltfreundlich* betrachten Schüler den vollbesetzten Bus mit 86 Nennungen für Rang 2 *(n = 86)*. Das Auto gilt mit 73 Stimmen als eher unfreundlich *(n = 73)* und das Flugzeug wird als umweltunfreundlichstes Verkehrsmittel mit 94 Stimmen für Rangplatz 4 angesehen *(n = 94)*. Kein Schüler sieht hingegen die Bahn als *umweltunfreundlich* an; auch der *eher umweltunfreundliche* Teil ist mit 6 Nennungen sehr gering *(n = 6)*. Nimmt man die Rangplätze 1 und 2 als umweltfreundlich an und die Rangplätze 3 und 4 als umweltunfreundlich, so ergibt sich eine weitere folgende Rangfolge[5]: Ausgehend von den Nennungen als umweltfreundliches Verkehrsmittel verbleibt die Bahn mit 149 Nennungen *(n = 149)* auf Rangplatz 1, gefolgt vom vollbesetzten Bus mit 102 Nennungen *(n = 102)* im Bereich *Umweltfreundlichkeit*. Das Flugzeug kommt summarisch auf den 3. Rangplatz mit 32 Nennungen *(n = 32)*

---

[5] Hierbei handelt es sich um die Summe des Rangplätze *umweltfreundlich* und *eher umweltfreundlich*.

gefolgt vom Auto auf Platz 4 mit 27 Nennungen *(n = 27)*. Für die Reihenfolge der umweltunfreundlichsten Verkehrsmittel ergibt sich demnach die umgekehrte Reihenfolge: Auto, Flugzeug, Bus, Bahn.

Umweltfreundlichkeit/Umweltunfreundlichkeit von Verkehrsmitteln *(n = 155)*

Verkehrsmittel	umweltfreundlich	eher umweltfreundlich	eher umweltunfreundlich	umweltunfreundlich
Auto	22	73	55	5
Bahn	115	34		6
Bus	16	86	48	
Flugzeug	19	13	29	94

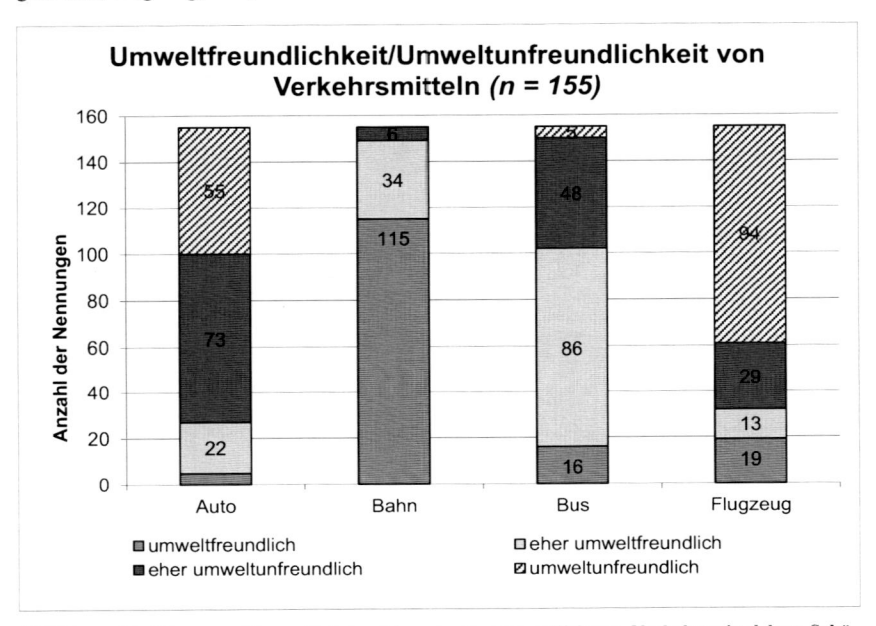

Abbildung 11: Die umweltfreundlichsten bis umweltunfreundlichsten Verkehrsmittel laut Schülermeinung

Beschreibung der Symbole *Recycling* und *Grüner Punkt*

Begriffe, die Schüler mit dem Recyclingsymbol verbinden *(n = 139)*

- Recycling: 41
- Mehrweg: 29
- Wiederverwendung: 21
- Wiederverwertung: 19
- Sonstiges: 12
- Pfand: 12
- Plastik: 5

Anzahl der Nennungen

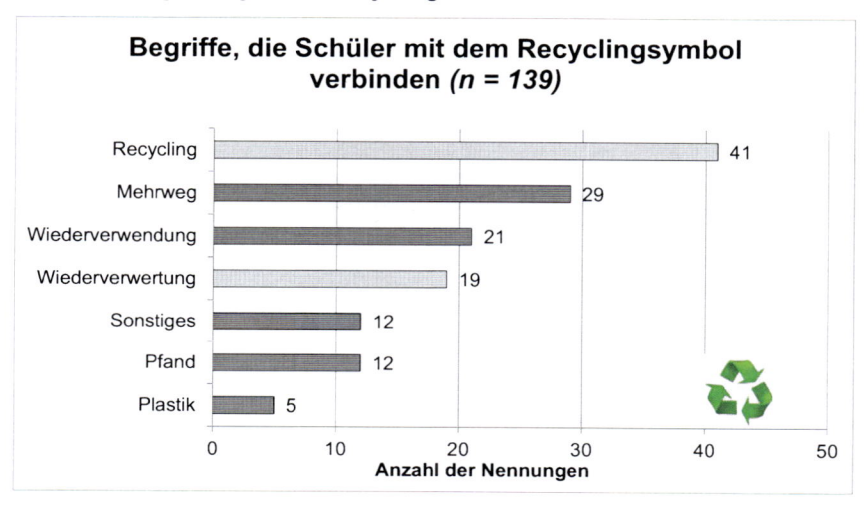

Abbildung 12: Begriffe, die Schüler mit dem Recyclingsymbol verbinden

Das Item, das für die obenstehende Darstellung als Grundlage diente, war zweigeteilt. Die Teilnehmer sollten jeweils in einem Wort die ihrer Meinung nach richtige Bedeutung zu einem dargestellten Symbol notieren. An dieser Stelle wird mit der Auswertung der Begriffe zum Recyclingsymbol begonnen.

Insgesamt haben 139 Teilnehmer einen Begriff für das Recyclingsymbol genannt *(n = 139)*. Für die Auswertung wurden die acht im Diagramm dargestellten Klassen verwendet. In die Klasse *Sonstiges* fallen folgende Begriffe: *Papiermüll* wurde zwei Mal genannt, *Umweltschutz, umweltfreundlich, wiederherstellbar, recycelt, Gelber Sack, Einweg, Biomüll, Batterie, Abfall* und *abgeben* wurden jeweils einmal genannt. Die zwei als grundsätzlich richtig angesehenen Nennungen wurden in obenstehendem Diagramm farblich different gekennzeichnet. Es gibt jedoch Definitionsprobleme, die sich wie folgt darstellen: Der Begriff *Mehrweg* kann in Bezug auf Recycling mehrdeutig gesehen werden. In der Umgangssprache stellt Mehrweg eine Abkürzung für den Begriff *Mehrwegflasche* dar, was in diesem Sinne einer *Wiederverwendung* des Gegenstandes gleichkommt und somit mit dem Recyclingbegriff nicht vereinbar ist. Ist mit *Mehrweg* jedoch der Begriff der *Wiederverwertung* des Materials eines Gegenstandes gemeint, so kann er als richtige Angabe angesehen werden. Ebenfalls problematisch ist die Einschätzung des Begriffes *wiederverwendbar* bzw. *Wiederverwendung*. Im Sinne einer Wiederverwendung des Gegenstandes ist er nicht mit Recycling gleichzusetzen. Mit einer Wiederverwendung des verwendeten Materials kann bei dieser Klasse jedoch grundsätzlich von Recycling gesprochen werden. In der folgenden Tabelle werden die absoluten sowie relativen Nennungen des Begriffs *Recycling* mit seinen jeweiligen Synonymen *Mehrweg* und *Wiederverwendung* dargestellt (vgl. Tabelle 4).

Recycling/Wiederverwertung		inkl. *Mehrweg*		inkl. *Wiederverwendung*	
absolut	relativ [%]	absolut	relativ [%]	absolut	relativ [%]
60	43,48	89	64,5	110	79,71

Tabelle 4: Anzahl von Nennungen des Begriffs *Recycling* inkl. gleichbedeutender Formulierungen

Das nachfolgende Diagramm gehört ebenfalls zu Item C7, in dem die Schüler Abbildungen mit einem Wort definieren sollten. Es zeigt die Ergebnisse zur Abbildung *Grüner Punkt*.

Begriffe, die Schüler mit dem Symbol *Grüner Punkt* verbinden (n = 133)

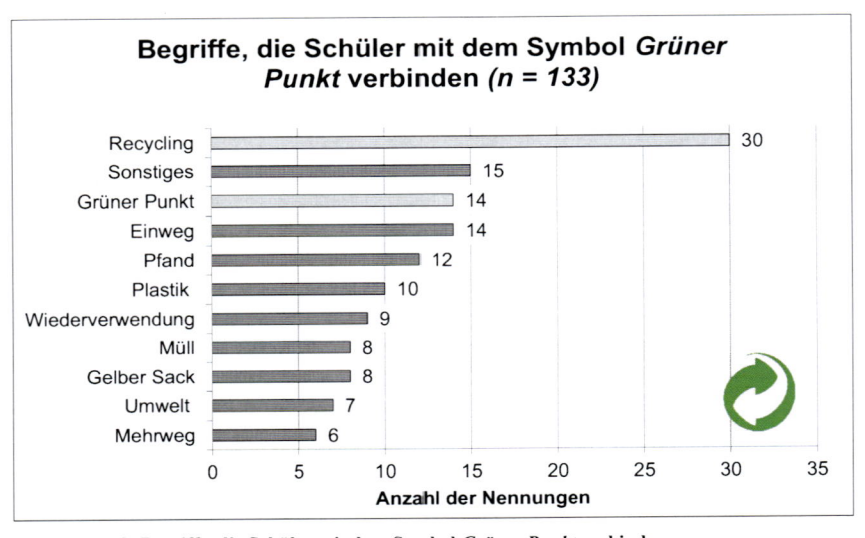

Begriff	Anzahl der Nennungen
Recycling	30
Sonstiges	15
Grüner Punkt	14
Einweg	14
Pfand	12
Plastik	10
Wiederverwendung	9
Müll	8
Gelber Sack	8
Umwelt	7
Mehrweg	6

Abbildung 13: Begriffe, die Schüler mit dem Symbol *Grüner Punkt* verbinden

Die Auswertung der Schülerangaben zum Symbol *Grüner Punkt* ist wesentlich differenzierter zu betrachten als jene des Recyclingsymbols. Insgesamt haben 133 Schüler *(n = 133)* einen Begriff für das ihnen vorliegende Symbol genannt. Grundsätzlich geben 14 Schüler den richtigen Namen des Symbols mit *Grüner Punkt* an *(n = 14)*. Dies entspricht einem Anteil von 10,53 %. Jedoch sollten die Schüler notieren, wofür das Zeichen ihrer Meinung nach steht. Aus diesem Grund können die Begriffe *Gelber Sack (n = 8)* und *Recycling (n = 30)* ebenfalls als richtige Angabe betrachtet werden. Als schwierig ist auch hier wieder die subjektiv unterschiedliche Bedeutung der Begriffe *Wiederverwendung* und *Mehrweg* zu bewerten (vgl. hierzu die Beschreibung des Recyclingsymbols).

Insgesamt gaben 15 Schüler Begriffe an, die in keiner der elf begrifflich klar definierten Klassen unterzubringen sind. Diese Begriffe wurden in der Klasse *Sonstiges* zusammengefasst. Die Begriffe mit mehreren Nennungen lauten wie folgt: *nicht wiederwendbar (n = 4), recycelt (n = 4)* und *pfandfrei (n = 2)*. Alle nachfolgenden Begriffe wurden jeweils einmal genannt *(n = 1): Altglas, Gelber Punkt, geprüft, nicht wiederverwertbar* und *Tankstelle*. In der nachfolgenden Tabelle wird die Aufteilung der Schüler nach den einzelnen Begriffen absolut sowie in Relation dargestellt.

Grüner Punkt		inkl. *Recycling*		inkl. *Gelber Sack*		inkl. *Mehrweg*		inkl. *Wiederverwendung*	
absolut	relativ [%]	absolut	relativ [%]	absolut	relativ [%]	absolut	relativ [%]	absolut	relativ [%]
14	10,61	44	33,33	52	39,40	58	43,94	67	50,76

Tabelle 5: Anzahl von Nennungen des Begriffs *Grüner Punkt* inkl. gleichbedeutender Formulierungen

Das Biosiegel

Bei der Beantwortung des Items C10 sollten die Schüler angeben, woran sie denken, wenn sie das dargestellte Biosiegel sehen. Für die Auswertung wurden die in Abbildung 14 ersichtlichen neun Klassen gebildet. Insgesamt gaben 155 Schüler *(n = 155)* eine oder mehrere Antworten, sodass summarisch 196 Begriffe in den Klassen untergebracht wurden.

Die Bedeutung des Biosiegels für Schüler

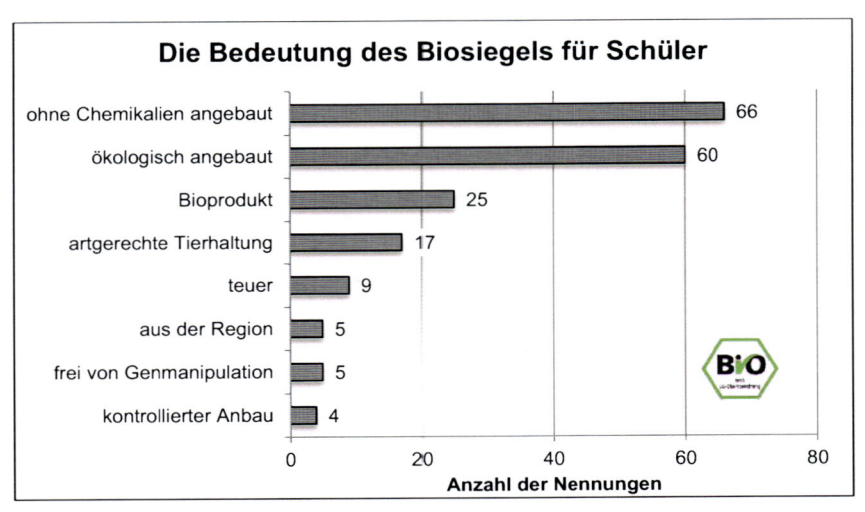

Kategorie	Anzahl der Nennungen
ohne Chemikalien angebaut	66
ökologisch angebaut	60
Bioprodukt	25
artgerechte Tierhaltung	17
teuer	9
aus der Region	5
frei von Genmanipulation	5
kontrollierter Anbau	4

Abbildung 14: Die Bedeutung des Biosiegels für Schüler

Die häufigste Assoziation von Schülern mit dem Biosiegel stellte die Tatsache dar, dass Lebensmittel, die dieses Siegel tragen, ohne Chemikalien hergestellt werden *(n = 66)*. Dabei fallen in diese Klasse die Nennungen von einer Landwirtschaft ohne den Einsatz von Pestiziden und chemischen Düngern. Ein Begriff, der ähnlich stark vertreten ist, ist der des *ökologischen Anbaus (n = 60)*. Hierbei wurde der ökologische Anbau von den meisten Schülern mit dem Begriff *biologisch* umschrieben. Die Nennung des Begriffes *biologisch* wurde in die Klasse des ökologischen Anbaus mit aufgenommen.

8.3. Einstellung zur nachhaltigen Entwicklung

In diesem Teil der Ausarbeitung werden die Ergebnisse der Einstellung von Schülern zur nachhaltigen Entwicklung dargestellt. In untenstehender Tabelle sind die Itemformulierungen D1 bis D9 mit den Mittelwerten und der Standardabweichung zu finden (vgl. Tabelle 6).

Einstellung zur nachhaltigen Entwicklung			
Item-Nr.	Bezeichnung	Mean	SD
D1	Ich empfinde NE[6] als wichtig.	1,95	1,083
D2	Ich interessiere mich für NE.	3,11	1,001
D3	Ich habe in der Schule etwas über NE gehört.	2,94	1,302
D4	Ich habe im Geographieunterricht etwas über NE gehört.	2,87	1,240
D5	Ich achte darauf, nachhaltig zu leben.	3,16	0,941
D6	Ich finde, dass Deutschland genug für NE tut.	3,27	0,950
D7	Ich finde, dass Armut bekämpft werden muss.	1,46	0,823
D8	Ich finde, dass Frieden zur NE gehört.	1,75	0,975
D9	Ich finde, dass man sich auch einmal einen Tag Pause vom nachhaltigen Lebensstil nehmen kann.	2,44	1,201

Tabelle 6: Überblick über die verwendeten Items für die Ermittlung der Einstellung zur nachhaltigen Entwicklung inklusive Mittelwerten und Standardabweichungen.

Insgesamt empfinden Schüler nachhaltige Entwicklung als wichtig und geben an, dass Item D1 für sie mit einem Mittelwert von 1,95 eher zutreffend ist. Jedoch zeigt Item D2, dass sie trotz der ihnen bewussten Wichtigkeit kein bemerkenswert großes Interesse für dieses Thema zeigen ($\bar{x}$ = 3,11). Die Aussage, dass sie für dieses Thema Interesse zeigen, beantworteten die meisten Schülerinnen mit *teils/teils* und *trifft eher nicht zu*. Auch eine Bereitschaft zu einem nachhaltigen Leben ist nur mit *teils/teils* gegeben. Überraschend war der große Anteil jener Schüler, die angaben, dass man sich auch mal einen Tag Pause vom nachhaltigen Lebensstil nehmen kann (vgl. Abbildung 17). Mit einem Mittelwert von 2,44 *(SD = 1,201)* befürwortet der Großteil der befragten Schüler die These. Ob die Teilnehmer bereits etwas über nachhaltige Entwicklung in der Schule und im Geographieunterricht gehört haben, beantwortete die Gesamtheit der Befragten mit einer Ausrichtung in den Bereich *teils/teils* (vgl. Abbildung 16). Eine ausführlichere Darstellung folgt in den nächsten Kapiteln.

---

[6] Aus Gründen der besseren Darstellbarkeit wurde in diesem Bereich der Begriff *Nachhaltige Entwicklung* mit NE abgekürzt.

Ich interessiere mich für nachhaltige Entwicklung

Im Bereich des Schülerinteresses an nachhaltiger Entwicklung liegen die Antworten eher in einem Bereich, der anzeigt, dass sich die Schüler weniger für dieses Thema interessieren. Mit einem Mittelwert von 3,11 *(SD = 1,001)* stimmt der Durchschnitt der Schüler dieser Behauptung *teils/teils* bis *eher nicht zu*. Eine genaue Darstellung folgt in Abbildung 15.

Rechnet man an dieser Stelle den sehr großen Anteil der unentschlossenen Schüler (71 Schüler, die mit *teils*/teils antworteten *[n = 71]*) heraus, so verbleiben 38 Schüler *(n = 38)*, die sich für nachhaltige Entwicklung interessieren. Diesen 38 Schülern stehen weitere 49 Schüler *(n = 49)* gegenüber, die sich nicht für dieses Thema interessieren. So kommt es zu einer relativen Aufteilung von 43,68 % der Schüler, die klar an nachhaltiger Entwicklung interessiert sind und 56,32 %, die dies nicht sind.

Ich interessiere mich für nachhaltige Entwicklung (n = 158)

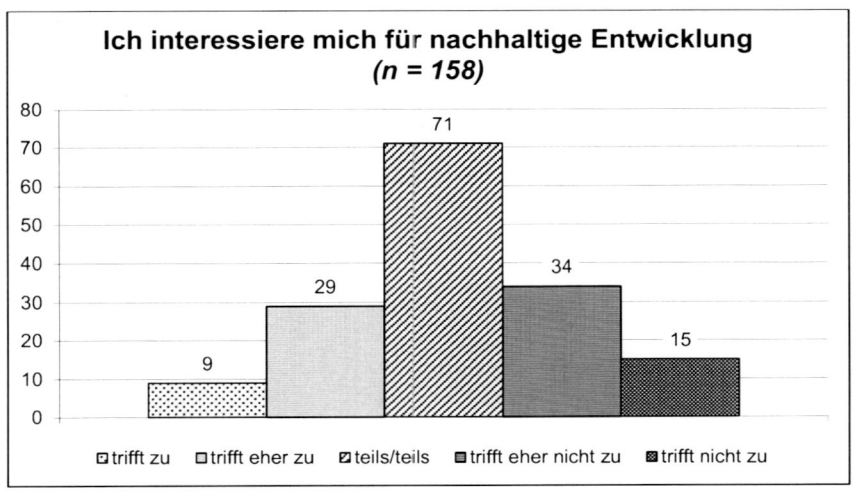

trifft zu	trifft eher zu	teils/teils	trifft eher nicht zu	trifft nicht zu
9	29	71	34	15

Abbildung 15: Ich interessiere mich für nachhaltige Entwicklung

Ich habe bereits in der Schule/im Geographieunterricht etwas über NE gehört

In diesem Abschnitt werden die Ergebnisse der Items D3 und D4 kombiniert dargestellt. Item D3 versuchte zu erfragen, inwiefern das Thema der nachhaltigen Entwicklung bereits als Schulstoff behandelt worden ist und ob die Schüler etwas über dieses Thema in der Schule gehört haben. Item D4 fragte nach einer generellen Beschulung des Themas im Geographieunterricht. Somit soll zuerst der große Rahmen der Institution Schule beleuchtet werden, um später Rückschlüsse darüber ziehen zu können, ob das Thema nachhaltige Entwicklung ausschließlich, gar nicht, oder nur teilweise im Geographieunterricht behandelt wird.

Für Item D3 ergibt sich ein Mittelwert von 2,93 *(SD = 1,302)*, für Item D4 ein Wert von 2,87 *(SD = 1,24)*. Eine genauere Darstellung über die Ergebnisse folgt für beide Items kombiniert in Abbildung 16:

Ich habe bereits in der Schule/im Geographieunterricht etwas über NE gehört.

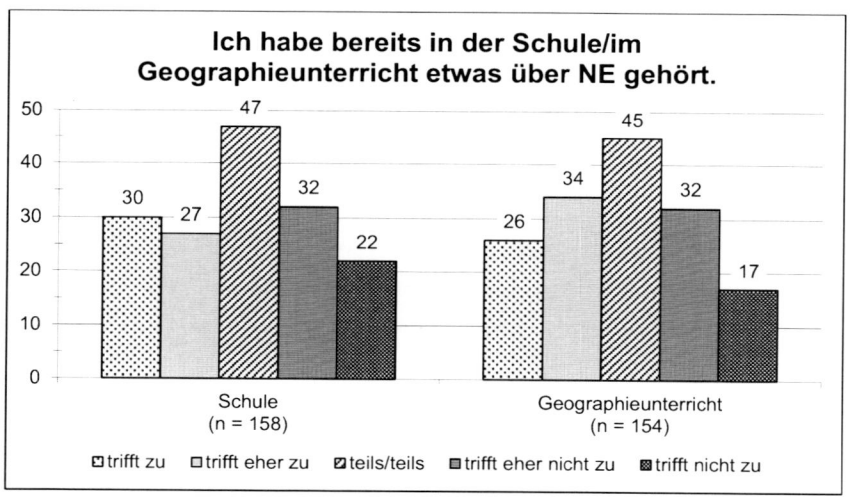

	Schule (n = 158)	Geographieunterricht (n = 154)
trifft zu	30	26
trifft eher zu	27	34
teils/teils	47	45
trifft eher nicht zu	32	32
trifft nicht zu	22	17

Abbildung 16: Ergebnisse der Items D3 und D4 – *Ich habe bereits in der Schule/im Geographieunterricht etwas über nachhaltige Entwicklung gehört*

Insgesamt beantworteten 158 Schüler *(n = 158)* die Frage nach der Beschulung des Themas *nachhaltige Entwicklung*. 154 Schüler *(n = 154)* gaben eine Antwort zu Item D4 auf die Frage, ob sie etwas über nachhaltige Entwicklung im Geographieunterricht gehört haben. Auffallend ist an dieser Stelle bei beiden Items erneut der große Anteil an Schülern, die unentschlossen sind und sich deshalb für die Antwortmöglichkeit *teils/teils* entscheiden (*Schule: n = 47; Geographieunterricht: n = 45*). Insgesamt gaben 36,08 % *(n = 57)* an, dass sie bereits in der Schule etwas über nachhaltige Entwicklung gehört haben. 38,96 % *(n = 60)* gaben an, dass eine Auseinandersetzung mit nachhaltiger Entwicklung im Geographieunterricht erfolgte.

Zu beachten ist an dieser Stelle, dass es sich bei Item D3 und Item D4 um unabhängige Variablen handelt. Das heißt, dass es sich bei den Schülern, die angeben, dass sie bereits im Geographieunterricht etwas über nachhaltige Entwicklung gehört haben, nicht um die gleichen Schüler handelt, die bereits etwas in der Schule über nachhaltige Entwicklung gehört haben. Eine genauere Darstellung und Interpretation der Daten folgt in Kapitel 9.

Ich finde, dass man sich auch mal einen Tag Pause nehmen kann...

Betrachtet man Item D9 – *Ich finde, dass man sich auch mal einen Tag Pause vom nachhaltigen Lebensstil nehmen kann* –, so wird schnell ersichtlich, dass die Schüler diese These durchaus befürworten. Mit einem Mittelwert von 2,44 *(SD = 1,201)* sagt der Großteil der 160 antwortenden Schüler *(n = 160)*, dass sie eine solche Lebensart befürworten würden. Mehr als die Hälfte der Antwortenden *(n = 83; 51,88%)* stimmt dieser These vollkommen zu, oder sehen sie als eher zutreffend an. Nur 13 Schüler lehnen diese These eher ab *(n = 13)*, 12 lehnen sie vollkommen ab *(n = 12)*. Rechnet man die unentschlossenen 51 Schüler heraus, die mit *teils/teils* antworteten *(n = 51)*, so ergibt sich ein Verhältnis von 83 Befürwortern der These zu 25 Ablehnern. Unter diesem Gesichtspunkt ergibt sich eine relative Verteilung von 70,34 % für und 21,19 % gegen diese Aussage.

Ich finde, dass man sich auch mal einen Tag Pause vom nachhaltigen Lebensstil nehmen kann (n = 160)

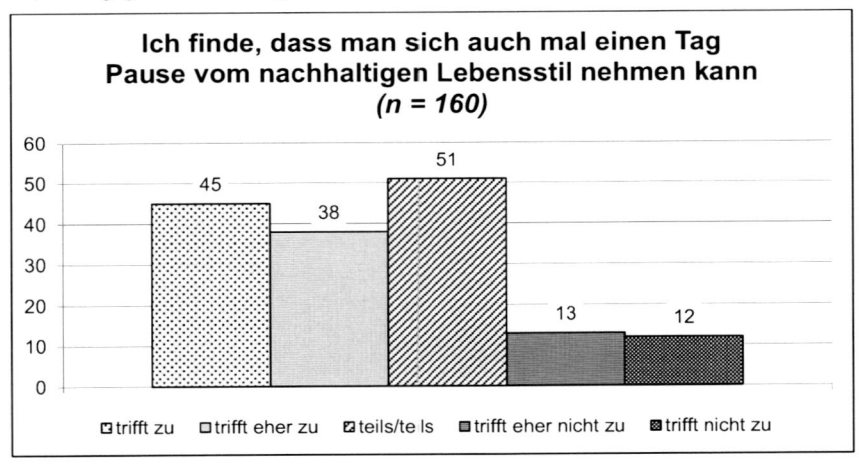

trifft zu	trifft eher zu	teils/teils	trifft eher nicht zu	trifft nicht zu
45	38	51	13	12

Abbildung 17: Ich finde, dass man sich auch einmal einen Tag Pause vom nachhaltigen Lebensstil nehmen kann

Das Nachhaltigkeitsdreieck

Für eine allgemeine Gewichtung der drei Bereiche innerhalb der nachhaltigen Entwicklung lag dem Fragebogen ein Zettel bei, auf dem das Nachhaltigkeitsdreieck notiert war. Insgesamt ist es in 34 unterschiedlich große Kästen geteilt, wobei die Größe der Kästen keinen Einfluss auf die Aussagekraft hat – jeder Kasten hat die gleiche Gewichtung. In der folgenden Abbildung ist dieses Dreieck in ausgewerteter Form dargestellt (vgl. Abbildung 18)

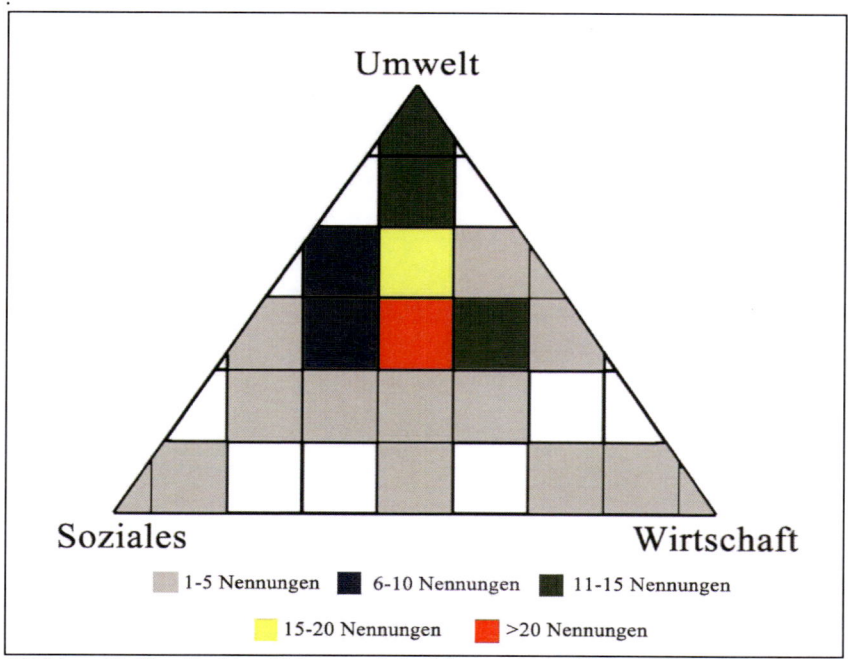

Abbildung 18: *Wo sollte deiner Meinung nach der Schwerpunkt der NE liegen?* **Darstellung über die Anzahl von Nennungen zum Schwerpunkt der NE**

Für die Auswertung wurden fünf Klassen gebildet, die daraus resultierten, wie häufig jeder Kasten angekreuzt wurde. Dabei wurden weiße Kästen kein einziges Mal angekreuzt. Insgesamt gaben 153 Schüler eine gültige Antwort. Acht Schüler gaben keinen Kasten, oder mehr als einen Kasten an. In die erste Klasse von *1-5 Nennungen* fallen insgesamt 14 Kästen. Sie befinden sich hauptsächlich im Bereich *Soziales* und im Bereich *Wirtschaft*, sowie im Bereich zwischen diesen beiden Kernelementen. Zwei

Kästen wurden jeweils von 6 bis 10 Schülern angekreuzt und liegen im Bereich zwischen *Umwelt* und *Soziales*. Drei Kästen wurden insgesamt 11 bis 15 mal gekennzeichnet. Zwei von ihnen zeigen den gewünschten Schwerpunkt der nachhaltigen Entwicklung unbedingt in der Kategorie *Umwelt*. Der dritte Kasten ist nahe dem optischen Zentrum des Dreiecks angesiedelt, zeigt jedoch noch eine Schwerpunktsetzung in den Bereichen *Wirtschaft* und *Umwelt* – der Bereich *Soziales* soll hierbei vernachlässigt werden. Der gelbe Kasten zeigt die Klassifizierung des Bereiches *15-20 Nennungen*. Insgesamt wurde nur ein Kasten von 18 Schülern hervorgehoben *(n = 18)*. Der gewählte, hier gelb dargestellte Kasten, liegt oberhalb des optischen Zentrums des Dreiecks und zeigt den Schwerpunkt im Bereich *Umwelt* an. Die Schüler möchten folglich vermehrt die Bereiche *Soziales* und *Wirtschaft* vernachlässigen.

Mit Abstand am häufigsten wurde der rote Kasten im optischen Zentrum des Dreiecks ausgewählt. Insgesamt wurde er 53 Mal angekreuzt *(n = 53)* und liegt somit genau in einem Bereich, der den Schwerpunkt für die nachhaltige Entwicklung im Zentrum der drei Kernelemente *Umwelt, Soziales* und *Wirtschaft* setzt. Das heißt, dass circa ein Drittel der Schüler eine Gleichberechtigung aller drei Kernelemente wünscht.

8.4. Der Einfluss des Geschlechts

Insgesamt haben 161 Schülerinnen und Schüler[7] an der Befragung teilgenommen. Wie bereits in der Stichprobenanalyse erwähnt, betrug die Geschlechterverteilung 1:0,96 (m/w), was in absoluten Zahlen einem Anteil von 82 männlichen zu 79 weiblichen Teilnehmern entspricht (vgl. 7.3. Die Stichprobe). Durch die homogene Geschlechterverteilung ist eine geschlechterdifferenzierte Betrachtung einzelner Items möglich. In diesem Kapitel sollen sowohl vorhandene als auch nicht vorhandene Geschlechterunterschiede ausgemacht und dargestellt werden. Als Einteilung dient hierzu die kategoriale Unterteilung des Fragebogens in *Fragen zum aktuellen Verhalten, Wissen über nachhaltige Entwicklung* und *Einstellung zur nachhaltigen Entwicklung*. Insgesamt wurden für die geschlechtsspezifische Unterscheidung betrachtet: Items B4 bis B7, Item C3,

---

[7] Aufgrund der besseren Differenzierbarkeit bei der Beschreibung geschlechterspezifischer Differenzen wird in diesem Kapitel zwischen Schülerinnen und Schülern unterschieden.

C4 und C8 sowie der gesamte Bereich D – Einstellung zur nachhaltigen Entwicklung, zuzüglich des Nachhaltigkeitsdreiecks.

8.4.1. Das aktuelle Verhalten

In diesem Teil der Auswertung wurden die Items B4, B5, B6 sowie B7 hinsichtlich geschlechterspezifischer Differenzen untersucht. Zwischen den Geschlechtern ergeben sich im Bereich des aktuellen Verhaltens nur selten Unterschiede. Bei der Frage, wofür die Schüler mehr Geld ausgeben würden, wenn es der Umwelt hilft, kommt es nur im Bereich *Energie* zu einem signifikanten Unterschied (p = 0,012) (vgl. Abbildung 19).

Würdest du für Energie mehr Geld ausgeben, wenn es der Umwelt hilft? *(n = 151)*

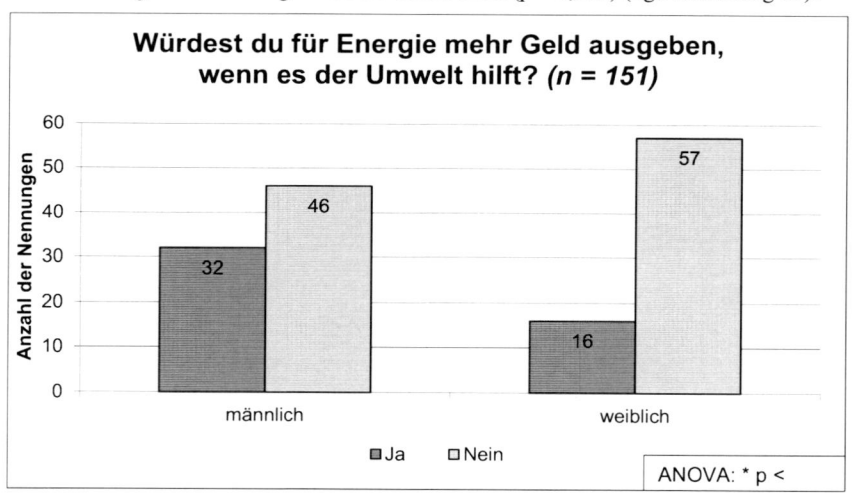

	männlich	weiblich
Ja	32	16
Nein	46	57

ANOVA: * p <

Abbildung 19: Geschlechterspezifische Ergebnisse zu Item B6 - *Würdest du für Energie mehr Geld ausgeben, wenn es der Umwelt hilft?* **- Schülerantworten**

Im Gegensatz zu den 32 von 78 *(n = 32; 41,03%)* Schülern, die einer Mehrausgabe für Energie zustimmen, geben nur 16 Schülerinnen *(n = 16; 21,92%)* an, dass sie für Energie mehr Geld ausgeben würden, wenn es der Umwelt hilft. 58,97 % der Schüler *(n = 46)* und 78,08 % der Schülerinnen *(n = 57)* sprechen sich gegen Energie-Mehrausgaben aus. Insgesamt kommt es zwischen den Mittelwerten der Schüler (1,59) und denen der Schülerinnen (1,78) zu einer signifikanten Differenz von 0,19 Punkten.

In den übrigen Bereichen der Fragestellung, wofür die Schülerinnen und Schüler mehr Geld ausgeben würden, wenn es der Umwelt hilft, kommt es zwischen den Geschlechtern zu keiner Signifikanz. So wollen sowohl Schüler als auch Schülerinnen zu nicht signifikanten Anteilen mehr Geld bzw. nicht mehr Geld für Kleidung, Wasser und Lebensmittel ausgeben. Der Anteil der Schülerinnen und Schüler, die für *gar nichts* Mehrausgaben in Kauf nehmen möchten, ist ebenfalls ähnlich (vgl. Abbildung 20).

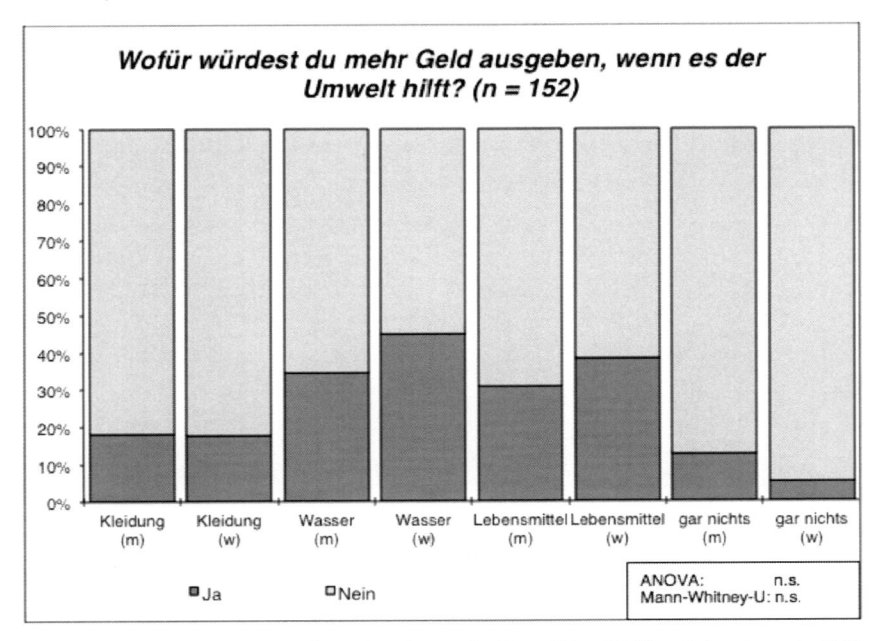

Abbildung 20: Geschlechterspezifische Ergebnisse für Item B6 – *Wofür würdest du mehr Geld ausgeben, wenn es der Umwelt hilft?*

8.4.2. Wissen über nachhaltige Entwicklung

Insgesamt kommt es unter Betrachtung des Geschlechtes im gesamten Bereich *Wissen* zu keinen signifikanten Differenzen zwischen diesen beiden. An dieser Stelle sollen die Antworten zum Konzept zur Berechnung von Nachhaltigkeit dargestellt werden.

Konzept zur Berechnung von Nachhaltigkeit (n = 150)

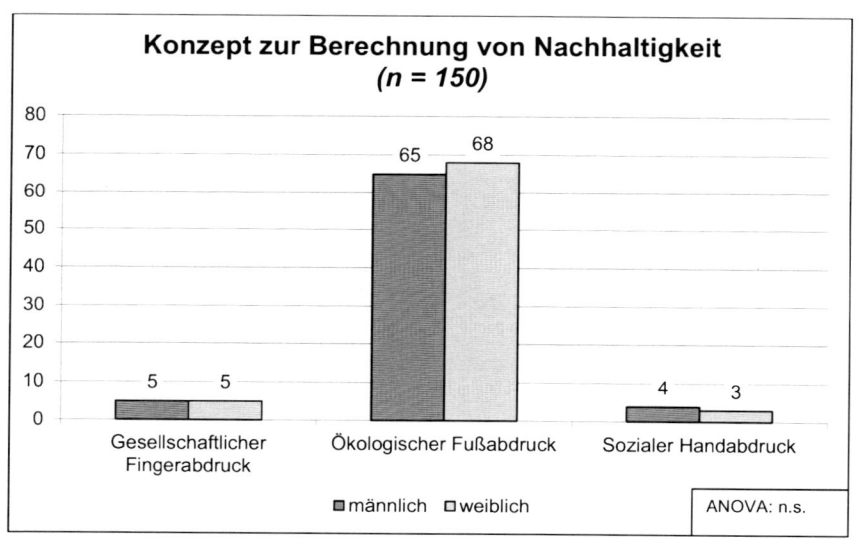

Kategorie	männlich	weiblich
Gesellschaftlicher Fingerabdruck	5	5
Ökologischer Fußabdruck	65	68
Sozialer Handabdruck	4	3

ANOVA: n.s.

Abbildung 21: Geschlechterspezifische Ergebnisse zum Konzept für die Berechnung von Nachhaltigkeit

Bei diesem Item gaben insgesamt 150 Schülerinnen und Schüler eine Antwort *(n = 150)*. Die Möglichkeit der Antwort des *Kulturellen Zehabdrucks* wurde von keiner Schülerin bzw. keinem Schüler angekreuzt. Die richtige Bezeichnung des *Ökologischen Fußabdrucks* wurde 133 Mal von Schülerinnen und Schülern angekreuzt *(n = 133)*; 68 von ihnen waren weiblichen *(n = 68)* und 65 männlichen Geschlechts *(n = 65)*.

8.4.3. Einstellung zur nachhaltigen Entwicklung

Im Bereich der Einstellung zur nachhaltigen Entwicklung treten bei Item *D7 – Ich finde, dass Armut auf der Welt bekämpft werden muss* – signifikante Unterschiede auf. Aufgrund einer Vergleichbarkeit zu jahrgangsspezifischen Unterschieden im folgenden Kapitel werden an dieser Stelle die Items *D2, D3* und *D5* ebenfalls dargestellt.

Ich finde, dass Armut auf der Welt bekämpft werden muss

Ich finde, dass Armut auf der Welt bekämpft werden muss *(n = 159)*

	männlich	weiblich
trifft zu	46	64
trifft eher zu	19	13
teils/teils	12	—
trifft eher nicht zu	1	—
trifft nicht zu	3	1

Mann-Whitney-U: *** p < 0,001

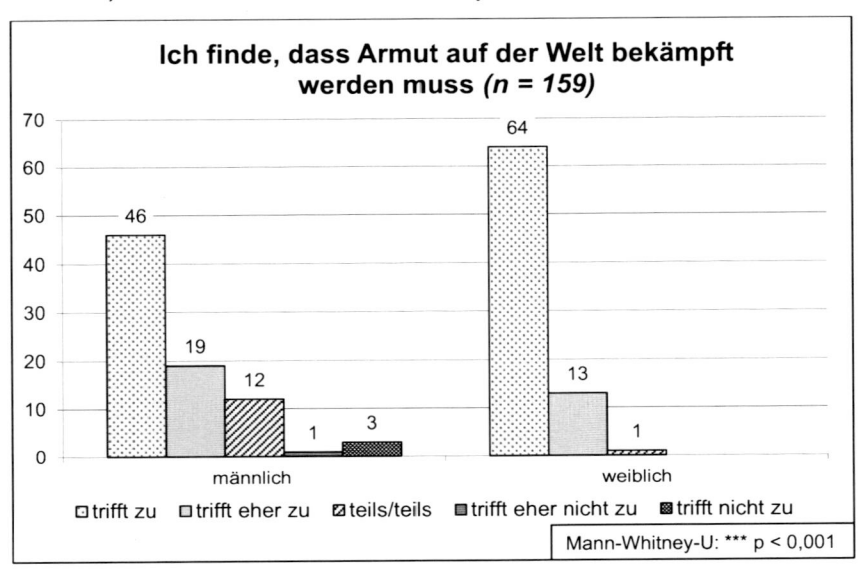

Abbildung 22: Geschlechterspezifische Ergebnisse zu Item D7 – *Ich finde, dass Armut auf der Welt bekämpft werden muss*

Bei der Auswertung des Items D7 kam es beim Test auf Homogenität der Varianzen zu einem signifikanten Ergebnis, sodass eine Auswertung mit einer einfaktoriellen ANOVA nicht möglich ist. Aus diesem Grund wurde der Mann-Whitney-U-Test angewendet, da dieser für zwei nicht-parametrische Stichproben genutzt werden kann. Es kommt im Bereich des Items D7 zu einem hoch signifikanten Ergebnis zwischen den beiden Geschlechtern (p < 0,001).

Von den Schülerinnen lehnt keine diese These ab, sodass dort auf die Bereiche *trifft eher nicht zu* und *trifft nicht zu* jeweils keine Antworten entfallen. Jedoch stimmen 64 von 78 Schülerinnen *(n = 64)* der These voll zu, 13 Schülerinnen geben an, dass sie noch *eher zutrifft (n = 13)*. Bei den Schülern ist dieses Bild deutlich differenzierter. Von den 81 antwortenden Schülern stimmen nur 46 der Aussage zu *(n = 46)*. 19 von ihnen stimmen eher zu und 12 von ihnen sind mit *teils/teils* unentschlossen bzw. möchten sich für keine Seite aussprechen (vgl. Abbildung 22). Unter allgemeiner, undifferenzierter Betrachtung des Items D7 beträgt der Mittelwert 1,46 *(SD = 0,823)*. Nach Geschlechtern separiert liegt der Mittelwert der Schülerantworten bei 1,72 *(SD = 1,015)*, jener der

Schülerinnenantworten bei 1,19 *(SD = 0,428)*. Es ergibt sich zwischen den beiden Geschlechtern eine hoch signifikante Differenz von 0,53 Punkten.

Ich interessiere mich für nachhaltige Entwicklung

In der vorweg gegangenen Darstellung der Ergebnisse wurde bereits eine allgemeine Auswertung des Items D2 vorgenommen. An dieser Stelle sollen nun geschlechtsspezifische Unterschiede ausgemacht werden.

Ich interessiere mich für nachhaltige Entwicklung (n = 157)

	trifft zu	trifft eher zu	teils/teils	trifft eher nicht zu	trifft nicht zu
männlich	5	15	32	17	12
weiblich	4	14	38	17	3

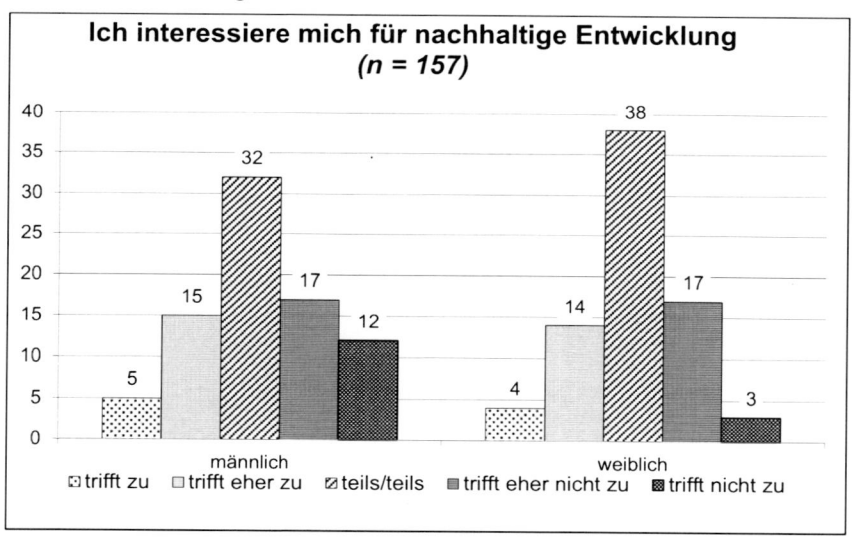

Abbildung 23: Ergebnisse zu Item D2 – *Ich interessiere mich für nachhaltige Entwicklung*

In der allgemeinen, undifferenzierten Auswertung des Items D2 kam es zu einem Mittelwert der Antworten von 3,11 *(SD = 1,001)*. Aufgeteilt in männliche und weibliche Teilnehmer ergibt sich für die Schüler ein Mittelwert von 3,2 *(SD = 1,100)*, für die Schülerinnen ein Wert von 3,01 *(SD = 0,887)*. Es kommt zu einer nicht signifikanten Differenz von 0,19 Punkten. Der Mittelwert der männlichen Teilnehmer unterliegt einer deutlich größeren Streuung als der Mittelwert der weiblichen Teilnehmer. Insgesamt beträgt der Unterschied der Standardabweichung 0,213 Punkte. Betrachtet man nur die eindeutig zustimmenden und ablehnenden Schülerinnen und Schüler, so stimmen 40,82 % der Schüler und 47,37 % der Schülerinnen der These zu, dass sie sich für nachhaltige Entwicklung interessieren.

Ich habe bereits in der Schule etwas über nachhaltige Entwicklung gehört

Ebenso wie das Item D2 – *Ich interessiere mich für nachhaltige Entwicklung* – wurde auch das hier dargestellte Item D3 – *Ich habe bereits in der Schule etwas über nachhaltige Entwicklung gehört* – in Kapitel 8.3. ohne Differenzierung betrachtet. An dieser Stelle ist Item D3 nach Geschlechtern differenziert dargestellt:

Ich habe bereits in der Schule etwas über NE gehört *(n = 157)*

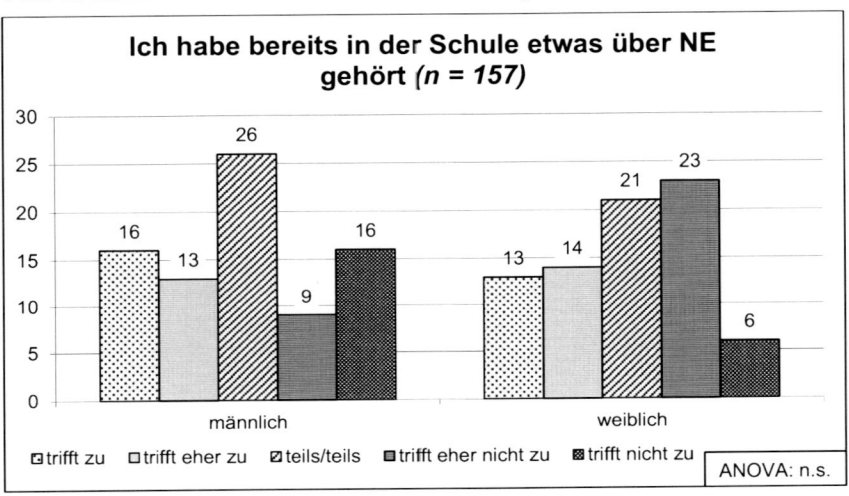

	männlich	weiblich
trifft zu	16	13
trifft eher zu	13	14
teils/teils	26	21
trifft eher nicht zu	16	23
trifft nicht zu	9	6

ANOVA: n.s.

Abbildung 24: Geschlechterspezifische Ergebnisse zu Item D3 – *Ich habe bereits in der Schule etwas über nachhaltige Entwicklung gehört*

In der allgemeinen Auswertung kam es zu einem Mittelwert der Stichprobe von 2,93 *(SD = 1,302)*. Nach Geschlechtern geteilt ergibt sich für die männlichen Teilnehmer *(n = 80)* ein Mittelwert von 2,95 *(SD = 1,377)*, für die weiblichen Teilnehmer *(n = 77)* ein Wert von 2,94 *(SD = 1,218)*. Unter geschlechterspezifischer Betrachtung des Items kommt es zu einem Mittelwert der gesamten Stichprobe *(n = 157)* von 2,94 *(SD = 1,297)*. Grund für den Unterschied zwischen dem Mittelwert der allgemeinen Auswertung und der geschlechterspezifischen Auswertung ist das Fehlen einiger Geschlechterangaben von Schülerinnen bzw. Schülern.

Die Differenz des Mittelwertes zwischen Schülerinnen und Schülern ist mit 0,01 sehr gering – es kommt folglich zu keinem signifikanten Unterschied zwischen den Geschlechtern.

Zusammenfassung

Betrachtet man das vorangegangene Kapitel, so wird ersichtlich, dass es der Anzahl an Items nach geringe Unterschiede zwischen den Geschlechtern gibt. Insgesamt zwei der 21 betrachteten Variablen waren unter Betrachtung der Geschlechterdifferenzen signifikant unterschiedlich (B6 – Energie, D7). Ein signifikantes Ergebnis trat lediglich im Bereich des aktuellen Verhaltens auf. Im Bereich der Energie sind Schüler eher bereit, mehr Geld auszugeben, wenn es der Umwelt hilft, als Schülerinnen. Bei dieser Variablen kommt es zu einer Signifikanz von 0,012. Ein zweites, diesmal hoch signifikantes Ergebnis *(p < 0,001)* konnte in der Armutsfrage des Bereiches *D – Einstellung zur Nachhaltigen Entwicklung* – ermittelt werden. Schülerinnen sind an dieser Stelle entschlossener der Meinung, dass Armut bekämpft werden muss als Schüler.

In den weiteren untersuchten Bereichen des Interesses an nachhaltiger Entwicklung, nämlich der Beschulung von nachhaltiger Entwicklung in der Schule und dem Geographieunterricht, der Durchführung von Mülltrennung oder bei der Beantwortung der Frage, wie das Konzept zur Berechnung von Nachhaltigkeit genannt wird, können keine signifikanten Unterschiede formuliert werden.

8.5. Der Einfluss der Jahrgangsstufe

In diesem Kapitel sollen vorhandene und nicht vorhandene jahrgangsspezifische Unterschiede dargestellt werden. Insgesamt nahmen 162 Schüler an dieser Untersuchung teil, wovon 42 Schüler die Jahrgangsstufe 7 *(n = 42)*, 46 die Jahrgangsstufe 8 *(n = 46)*, 44 die Jahrgangsstufe 9 *(n = 44)* und 29 die Jahrgangsstufe 10 besuchen *(n = 29)* (vgl. 7.3.). Es wurden die gleichen Items wie bei der geschlechterspezifischen Differenzierung untersucht. Als Gliederung des Kapitels dient die kategoriale Einteilung des Fragebogens in: *Aktuelles Verhalten, Wissen über nachhaltige Entwicklung* und *Einstellung zur nachhaltigen Entwicklung*.

8.5.1. Das aktuelle Verhalten

Im Bereich des aktuellen Verhaltens kommt es zu keinen signifikanten Unterschieden zwischen den einzelnen Jahrgangsstufen 7 bis 10. Betrachtet man jedoch die Jahrgangsstufen 7 und 8 als die jungen Schüler, und die Jahrgangsstufen 9 und 10 als die alten, so ist eine weitere Differenzierung in *jung* und *alt* möglich.

Für das aktuelle Verhalten ergaben sich zwar keine signifikanten Unterschiede bei einzelner Betrachtung der Jahrgangsstufen, jedoch ergeben sich Differenzen dann, wenn man eine Einteilung in *jung* und *alt* vornimmt. Hierbei kommt es, wie bereits bei den geschlechterspezifischen Differenzen bei Item B6, im Bereich der Bereitschaft zur Mehrausgabe für Energie zu einem signifikanten Unterschied *(p < 0,05)*. Eine genaue Darstellung erfolgt in Abbildung 25:

Wärst du bereit, für Energie mehr Geld auszugeben, wenn es der Umwelt hilft? *(n = 152)*

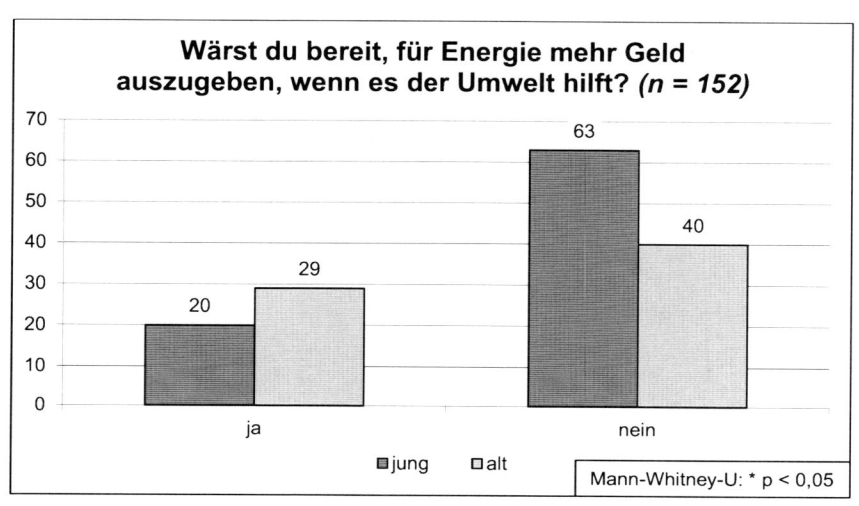

[Balkendiagramm: ja – jung 20, alt 29; nein – jung 63, alt 40. Mann-Whitney-U: * p < 0,05]

Abbildung 25: Differenzierung nach jung und alt für Item B6 – *Wärst du bereit, für Energie mehr Geld auszugeben, wenn es der Umwelt hilft?*

Von den 152 antwortenden Schülern *(n = 152)* konnten 83 der Klasse *jung (n = 82)* und 69 *(n = 69)* der Klasse *alt* zugeordnet werden. Relativ betrachtet sind 24,1 % der jungen Schüler und 42,03 % der älteren dazu bereit, für Energie mehr Geld auszugeben, wenn es der Umwelt helfen würde. Zur Berechnung der Unterschiede wurde an dieser Stelle der Mann-Whitney-U-Test angewandt, da eine Varianzhomogenität für eine ANOVA nicht gegeben war. Zwischen den Mittelwerten von jung *(1,76; SD = 0,430)* und alt *(1,58; SD = 0,497)* kommt es zu einer signifikanten Differenz von 0,18 Punkten.

Der Signifikanzwert zwischen jung und alt beträgt 0,019. In einer nach den einzelnen Jahrgangsstufen 7 bis 10 durchgeführten Betrachtung kam es zu einem Signifikanzwert von 0,152 – zwischen den einzelnen Jahrgangsstufen ergeben sich keine Unterschiede.

8.5.2. Wissen über nachhaltige Entwicklung

Im Bereich des Wissens über nachhaltige Entwicklung kommt es bei den drei untersuchten Items C3, C4 und C8 zu keinen signifikanten Unterschieden in der einzelnen Jahrgangsdifferenzierung sowie auch in der Differenzierung nach jung und alt

8.5.3. Einstellung zur nachhaltigen Entwicklung

Wie schon in der geschlechterspezifischen Differenzierung in Kapitel 8.4.3. ergeben sich auch in der jahrgangsspezifischen Betrachtung einige signifikante und nicht signifikante Unterschiede.

In diesem Kapitel werden die Items D2 bis D5 sowie Item D8 – *Ich finde, dass Frieden zur nachhaltigen Entwicklung gehört* – näher dargestellt.

Ich interessiere mich für nachhaltige Entwicklung

Wie bereits in der geschlechterspezifischen Betrachtung soll an dieser Stelle das Interesse für nachhaltige Entwicklung dargestellt werden. Hierbei handelt es sich um die Darstellung der Jahrgangsstufen 7 bis 10.

Ich interessiere mich für nachhaltige Entwicklung (n = 158)

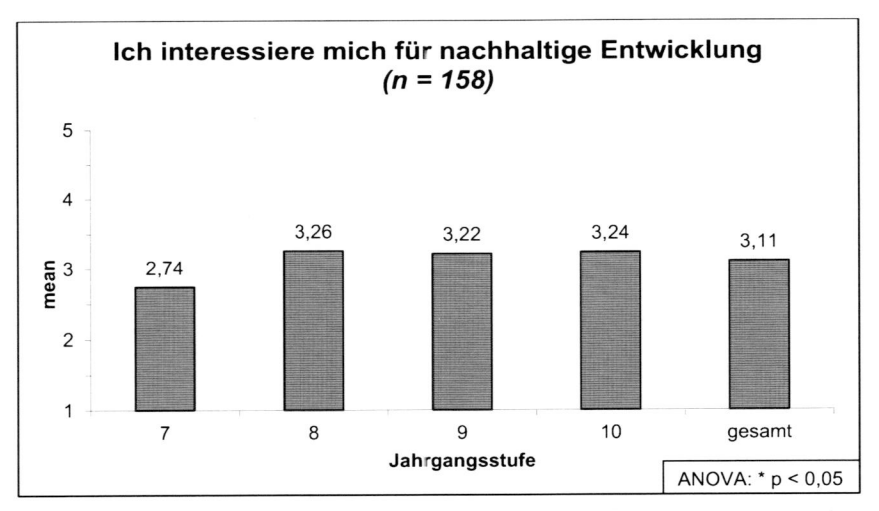

Jahrgangsstufe	7	8	9	10	gesamt
mean	2,74	3,26	3,22	3,24	3,11

ANOVA: * $p < 0,05$

Abbildung 26: Jahrgangsspezifische Unterscheidung der Mittelwerte des Items D2 – *Ich interessiere mich für nachhaltige Entwicklung*

Für die Auswertung dieses Items wurde mit einer ANOVA gerechnet. Der Signifikanzwert des Items D2 in Bezug zu den Jahrgängen 7 bis 10 beträgt 0,048 – es kommt folglich zu einem signifikanten Ergebnis.

Im Bereich der Mittelwerte entsteht ein deutliches Bild. Die Mittelwerte der Jahrgangsstufen 8 *(3,26)*, 9 *(3,22)* und 10 *(3,24)* liegen nah beieinander, sind jedoch stark über dem Mittelwert der Grundgesamtheit von 3,11 angesiedelt. Der Mittelwert der Jahrgangsstufe 7 liegt mit 2,74 deutlich unter jenem der Grundgesamtheit – hier kommt es

zu einer Differenz von 0,37 Punkten. Eine maximale Mittelwertdifferenz von 0,52 Punkten ergibt sich zwischen der Jahrgangsstufe 8 *(3,26)* und der Jahrgangsstufe 7 *(2,74)*.
Während zwischen den einzelnen Jahrgängen noch ein signifikanter Unterschied existiert, ist dieser in einer Differenzierung nach jung und alt nicht mehr vorhanden.

Ich habe bereits in der Schule/im Geographieunterricht etwas über NE gehört

Ebenfalls in der geschlechterspezifischen Darstellung aufgezeigt, sind die Items D3 und D4, die an dieser Stelle in ihrer Kombination erneut aufgegriffen werden sollen.
Unter Betrachtung der einzelnen Jahrgangsstufen kommt es nur bei Item D3 – *Ich habe bereits in der Schule etwas über nachhaltige Entwicklung gehört* – zu einem hoch signifikanten Unterschied *(p < 0,001)*. Der Mittelwert der Grundgesamtheit liegt bei diesem Item bei 2,93. Die Jahrgangsstufen 9 *(2,31)* und 10 *(2,83)* liegen jeweils unter diesem Wert. Die Jahrgangsstufen 7 *(3,33)* und 8 *(3,20)* liegen über dem Wert der Grundgesamtheit *(2,93)*. Für die einzelnen Jahrgangsstufen kommt es bei der Frage, ob die Schüler bereits im Geographieunterricht (Item D4) etwas über nachhaltige Entwicklung gehört haben, zu keinem signifikanten Unterschied (vgl. Abbildung 27).

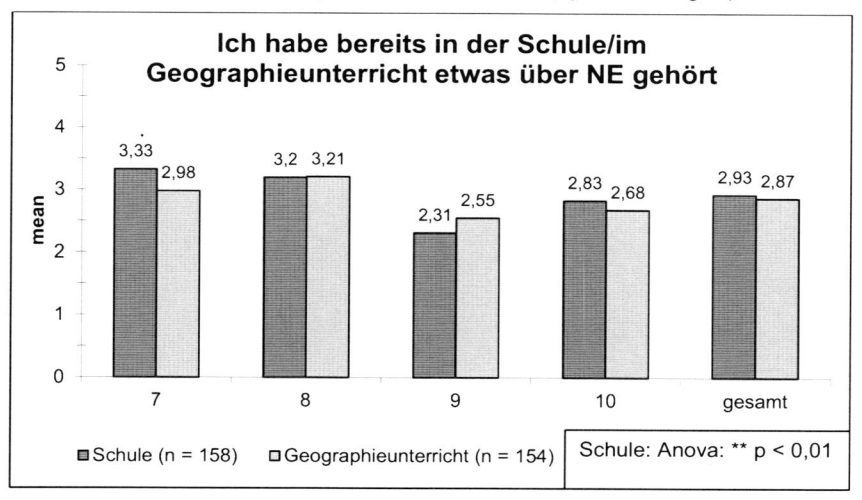

Abbildung 27: Jahrgangsspezifische Darstellung der Items D3 und D4 – Ich habe bereits in der Schule/im Geographieunterricht etwas über nachhaltige Entwicklung gehört.

Für diese Items bietet sich jedoch auch die Unterscheidung nach jung und alt an. *Jung* bezeichnet in diesem Kontext die Kombination der Jahrgangsstufen 7 und 8, *alt* die Zusammenführung der Jahrgangsstufen 9 und 10. Eine Darstellung der Mittelwerte erfolgt in Abbildung 28:

Ich habe bereits in der Schule/im Geographieunterricht etwas über nachhaltige Entwicklung gehört, aufgeteilt in jung und alt

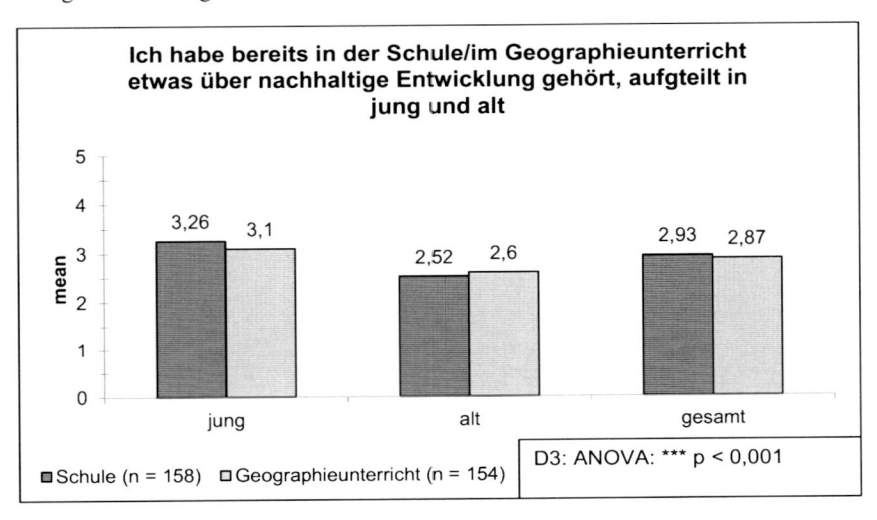

	jung	alt	gesamt
Schule (n = 158)	3,26	2,52	2,93
Geographieunterricht (n = 154)	3,1	2,6	2,87

D3: ANOVA: *** p < 0,001

Abbildung 28: Differenzierung nach jung und alt für die Items D3 und D4 – Ich habe bereits in der Schule/im Geographieunterricht etwas über nachhaltige Entwicklung gehört, aufgeteilt in *jung* und *alt*

Unter diesem Gesichtspunkt kommt es sowohl bei Item D3 als auch bei Item D4 zu einem signifikanten Unterschied. Insgesamt haben 158 Schüler *(n = 158)* für Item D3 und 154 Schüler *(n = 154)* für Item D4 eine Antwort abgegeben. In die Klasse der jungen Schüler fallen 87 *(D3; n = 87)* bzw. 84 *(D4; n = 84)* Teilnehmer. In die Klasse der alten Schüler 71 *(D3; n = 71)* bzw. 70 *(D4; n = 70)*. Im Fall des Items D3 ist der Unterschied der Mittelwerte zwischen jung und alt hoch signifikant *(p < 0,001)*. Für Item D4 folgt ein Signifikanzwert von 0,015 – die Unterschiede für Item D4 sind somit signifikant. Für Item D3 folgt ein Mittelwert für die jungen Schüler von 3,27. Für die älteren Schüler aus den Jahrgangsstufen 9 und 10 beträgt dieser 2,57. Es resultiert folglich eine signifikante Differenz von 0,7 Punkten.

Ich achte darauf, nachhaltig zu leben

Als letztes Item dieses Kapitels soll Item D5 – *Ich achte darauf, nachhaltig zu leben* – betrachtet werden. Insgesamt haben 158 Schüler *(n = 158)* eine Antwort abgegeben. In der folgenden Abbildung sind die Mittelwerte jahrgangsspezifisch dargestellt:

Ich achte darauf, nachhaltig zu leben *(n = 158)*

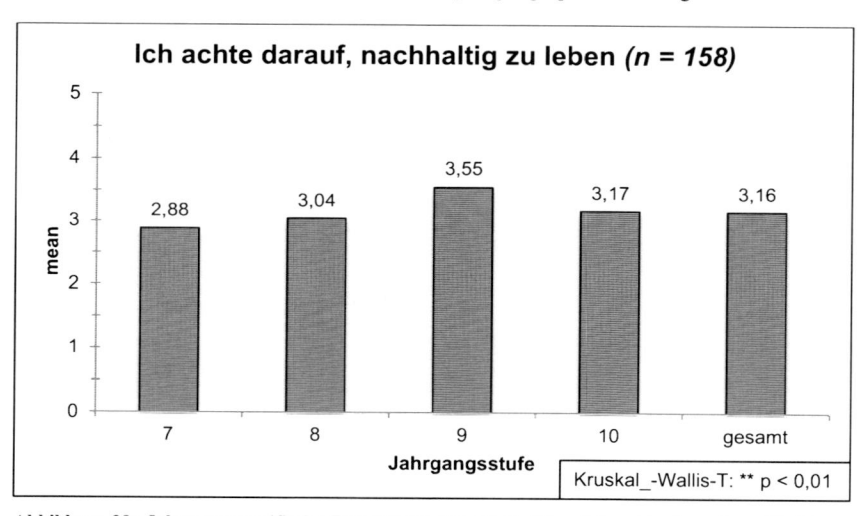

Jahrgangsstufe	mean
7	2,88
8	3,04
9	3,55
10	3,17
gesamt	3,16

Kruskal_-Wallis-T: ** p < 0,01

Abbildung 29: Jahrgangsspezifische Darstellung des Items D5 – *Ich achte darauf, nachhaltig zu leben*

Die Mittelwerte der Schüler aus den Jahrgangsstufen 7 *(2,88; n = 42)* und 8 *(3,04; n = 45)* liegen unterhalb des Mittelwertes der Grundgesamtheit von 3,16. Der Mittelwert der Jahrgangsstufe 9 *(3,55)* stellt eine Ausreißerposition dar – er liegt 0,39 Punkte über dem Mittelwert der gesamten Stichprobe. Der Mittelwert der Jahrgangsstufe 10 liegt mit 3,17 und einer Differenz von 0,01 Punkten sehr nahe am Mittelwert der Grundgesamtheit. Zwischen dem niedrigsten Mittelwert der Jahrgangsstufe 7 *(2,88)* und dem höchsten Mittelwert der Jahrgangsstufe 9 *(3,55)* kommt es zu einer Differenz von 0,67 Punkten. Insgesamt achten die Schüler der Jahrgangsstufe 9 nach eigener Einschätzung am wenigsten auf einen nachhaltigen Lebensstil, wohingegen Schüler der Jahrgangsstufe 7 am meisten auf eine nachhaltige Lebensweise achten. So sind allgemein die jüngeren Schüler (Jahrgangsstufe 7 und 8) einem nachhaltigen Lebensstil positiver eingestellt, als es bei den älteren der Fall ist (Jahrgangsstufe 9 und 10).

Zusammenfassung

Insgesamt hat sich gezeigt, dass zwischen den Jahrgangsstufen mehr Unterschiede auftreten, als bei der geschlechterdifferenten Betrachtung. Vor allem im Bereich der Einstellung kommt es zwischen den Klassen 7 bis 10, aber auch zwischen jungen und älteren Schülern zu quantitativ mehr Unterschieden. Im Bereich des aktuellen Verhaltens agieren Schüler der Klassen 7 und 10 indifferent, auch mit Blick auf das Wissen über nachhaltige Entwicklung zeigen sich keine signifikanten Unterschiede. So können die meisten Schüler, unabhängig davon, ob sie der Klasse 7 oder der Klasse 10 angehören, korrekt auf die Frage antworten, wie das Konzept zur Berechnung von Nachhaltigkeit genannt wird. Schwierigkeiten in der Benennung der Symbole des Items C7 kamen in allen Jahrgangsstufen vor.

Wie bereits erwähnt, kommt es im Bereich der Einstellung zur nachhaltigen Entwicklung verstärkt zu Unterschieden. Warum dies der Fall ist, wird im folgenden Kapitel geklärt.

9. Diskussion

Für eine übersichtlichere Darstellung der Diskussion erfolgt die Untergliederung dieses Kapitels, wie bereits die vorherigen, in Anlehnung an die kategoriale Einteilung des Fragebogens.

Allgemein ist zu beachten, dass es sich bei den Befragten um Schüler eines Gymnasiums handelt. Je höher die schulische Ausbildung bzw. der Bildungsgrad des Befragten, desto präziser sind die gegebenen Antworten und desto stärker wird sich mit dem Thema Nachhaltigkeit bzw. nachhaltige Entwicklung auseinandergesetzt (Tully/Krug 2011:100).

9.1. Das aktuelle Verhalten

Im Bereich des aktuellen Verhaltens wird mit der Diskussion des Items B8 begonnen. Hierbei sollten Schüler auswählen, ob und falls ja, welche erneuerbare Energien sie zu Hause nutzen. Bei diesem Item handelt es sich jedoch um eine Fragestellung, die nur sehr schwach bis gar nicht von Schülern beeinflusst werden kann, da die Entscheidungsgewalt darüber bei den Eltern liegt. Verbindet man nun diese Ergebnisse mit der Theorie des geplanten Verhaltens, so ist es sehr wahrscheinlich, dass die Schüler in ihrem späteren Erwachsenenleben ebenfalls erneuerbare Energien nutzen, wenn die Eltern es bereits taten. Dafür sind jedoch zwei Faktoren von entscheidender Bedeutung, die, wenn sie erfüllt sind, einen hohen Vorhersagecharakter besitzen. Zum einen muss die Einstellung zum Verhalten positiv sein (Graf 2007:33). In diesem Falle bedeutet dies, dass der Schüler der Thematik des Umweltschutzes oder der nachhaltigen Entwicklung gegenüber positiv eingestellt ist. Im Rahmen dieser empirischen Erhebung betrifft dies die Auswahl der Antwortmöglichkeiten *trifft zu* und *trifft eher zu* bei der Fragestellung D1 – *Ich empfinde nachhaltige Entwicklung als wichtig*. Mit einem Mittelwert der gesamten Stichprobe von 1,95 ist diese Bedingung annähernd für alle Teilnehmer erreicht. Im Falle der 28 Schüler, die angegeben haben, dass sie zu Hause erneuerbare Energien nutzen, beträgt der Mittelwert 2,03 – ebenfalls ein Ergebnis das anzeigt, dass die generelle Einstellung zur nachhaltigen Entwicklung vorhanden und positiv ist. Als zweite Bedingung muss in Erfahrung gebracht werden, wie die vermuteten Erwartungen und daraus resultierenden Reaktionen der Bezugspersonen sind, die für die handelnde Person wichtig sind. In diesem Fall wäre dies zum Beispiel das Lob der

Familie oder von Freunden, wenn auch sie sich am Umweltschutz oder nachhaltiger Entwicklung, zum Beispiel durch eine Photovoltaikanlage auf dem Dach, engagieren. Da die Schüler, die diese Frage mit *ja* beantworteten, eine gute Einstellung zur nachhaltigen Entwicklung haben und positive Erwartungen seitens der Familie sehr wahrscheinlich sind, werden auch sie in ihrem Erwachsenenleben voraussichtlich einen Beitrag zur nachhaltigen Entwicklung leisten, eventuell sogar durch die hier angesprochenen erneuerbaren Energien im eigenen Haushalt.

Theoretisch gesehen könnten zu den bisher bestehenden 17,39 % der *Ja-Sager* die 40,99 % jener Schüler hinzugezählt werden, die als Antwort *weiß ich nicht* angaben. Optimistisch gesehen können die gesamten 41 % ebenfalls im Haushalt erneuerbare Energien nutzen, ohne jedoch etwas davon zu wissen. Das Unwissen darüber könnte ein geringes Interesse an der Thematik der nachhaltigen Entwicklung als Grundlage haben (Mittelwert des Items D1 > 3,5).

Auch an dieser Stelle muss erneut der Hinweis erfolgen, dass es sich bei den Befragten um Schüler eines städtischen Gymnasiums handelt. Schüler eines Gymnasium gehören größtenteils der oberen Schicht der Bevölkerung an. Ihre Eltern haben in der Regel einen vergleichbaren Bildungsabschluss wie jenen, den die Schüler selbst anstreben. Es ist jedoch auch ersichtlich, dass immer mehr Kinder und Jugendliche aus bildungsfernen Familien kommen – dieser Anteil ist jedoch, verglichen mit Schülern aus bildungsnahen Familien, gering. Der höhere Bildungsabschluss der Eltern beeinflusst das Interesse für Nachhaltigkeit innerhalb der Familie wiederum positiv (TULLY/KRUG 2011:100). Mit einem höheren Bildungsstand haben die Eltern – zumindest theoretisch – auch einen prestigeträchtigen Beruf, der wiederum höher vergütet wird. TULLY und KRUG (2011) konstatieren, dass der Stellenwert der Nachhaltigkeit innerhalb einer Familie ungemein von deren finanziellen Situation abhängt. Je geringer der finanzielle Aufwand für grundlegende Bedürfnisse ist, desto mehr Raum bleibt für Umweltthemen – in diesem Fall die Anschaffung einer Photovoltaikanlage oder die Installation einer Erdwärmepumpe (S. 100).

Insgesamt ist der Anteil erneuerbarer Energien in Deutschland stetig steigend. 17 % des deutschen Stromes wurden 2010 durch erneuerbare Energien bereitgestellt (UBA 2011:30). Insgesamt gesehen setzt sich die Erzeugung jedoch aus diversen Arten zusammen: Zu den hier angesprochenen Photovoltaikanlagen, Windrädern und Erdwärmepumpen kommen noch Bio-, Klär- sowie Deponiegasanlagen, die allgemeine Stromerzeugung durch Wasserkraft und biogene Flüssig- und Festbrennstoffe zum Einsatz. Jedoch sind davon nur Solaranlagen, ein kleines Windrad, Erdwärme und in Ausnahmefällen Biogasanlagen für den privaten Gebrauch einsetzbar. Summarisch ist die Solarenergie mit 11,3 % am attraktivsten für Privathaushalte. Am häufigsten wird Strom auf erneuerbarer Energiebasis in Deutschland mit Windkraft erzeugt (36,5%), jedoch sind dies meist gewerbliche oder staatliche Anlagen (UBA 2011:30). Die von den Schülern angegebene Verteilung von Sonnenenergie, Erdwärme und Windkraft kommt dem Realeinsatz sehr nahe. Sonnenenergie wird demnach am meisten genutzt, Windkraft am wenigsten. Die Rubrik des Ökostroms ist an dieser Stelle nicht erwähnt, da er das Produkt erneuerbarer Energieanlagen ist und nicht, wie im Fall von Sonnenenergie, Windenergie und Erdwärme, der Produzent.

Ein Grund für die dominante Stellung der Solarenergie könnte das 100.000-Dächer-Programm der Bundesregierung sein. Innerhalb dieses Programms gab es von 1999 bis 2003 zinsgünstige Kredite, die den Ausbau von Photovoltaikanlagen in Deutschland vorantreiben sollten (BMU 2003).

Betrachtet man nun die Nutzung von Energiesparlampen, das Belassen von Geräten im Standby-Modus und die Durchführung von Mülltrennung, ergibt sich ein wesentlich differenziertes Bild. Im Falle der Nutzung von Energiesparlampen liegt die Entscheidungsmacht wieder überwiegend bei den Eltern. Im Falle des Standby-Modus können Schüler durchaus selber tätig werden und die Schalter ausstellen, gleiches gilt für die Mülltrennung – es bedarf hier keiner elterlichen Entscheidungen, vorausgesetzt die Möglichkeiten zur Mülltrennung sind gegeben.

Der hohe Anteil der Schüler, die bei der Nutzung von Energiesparlampen *teilweise* angegeben haben, ist eventuell damit zu erklären, dass die Schüler im Überlegungsprozess einzelne Lampen in ihrem Haushalt gedanklich durchgegangen sind. Es muss dabei gesagt werden, dass moderne Energiesparlampen vom Aussehen nicht mehr von herkömmlichen Glühbirnen zu unterscheiden sind. Des Weiteren gibt es Lampenarten, in denen die typischen Formen einer Energiesparlampe nicht verbaut sind, da dort zum Beispiel lichtemittierende Dioden (LED) verwendet werden. Diese werden nicht unbedingt als Energiesparlampen wahrgenommen, sind jedoch äußerst sparsam. So kommt es dazu, dass Schüler energiesparende Leuchtmittel nicht als solche identifizieren und davon ausgehen, dass es sich folglich nicht um Energiesparlampen handelt und sie so einen Mix von normalen Glühbirnen und Energiesparlampen im Haushalt der Eltern wahrnehmen. In der Konsequenz entscheiden sie sich für die Antwortmöglichkeit *teilweise*.

Bei der Auswertung ist ebenfalls zu beachten, dass *nein* beim Belassen von Geräten im Standby-Modus wünschenswert ist, da das Item positiv formuliert wurde (Lässt du Geräte im Standby?). 24 Schüler nutzen Energiesparlampen, 54 lassen Geräte nicht im Standby-Modus und 117 Schüler trennen den Müll. So ergibt sich eine Steigerung von der Energiesparlampennutzung zur Mülltrennung. Des Weiteren ist ein direkter Zusammenhang erkennbar. Je mehr Geld aufgewendet werden muss, um die Maßnahme umzusetzen (zum Beispiel durch die Nutzung von Energiesparlampen), desto weniger Schüler bestätigen, dass dies zu Hause der Fall ist, oder sie es selbst tun. Im Falle einer Energiesparlampe muss am meisten Geld aufgewendet werden – acht Euro pro Birne kann hier als realistischer Durchschnittswert genannt werden. Zwar ist dies eine Einmalinvestition, im besten Fall für die nächsten Jahre, doch sie fällt stärker in der Haushaltskasse auf als zum Beispiel die Stromrechnung am Ende eines Abrechnungszeitraumes. Auf dieser ist nämlich nicht explizit ausgewiesen, wie viel Strom durch das Belassen von Geräten im Standby-Modus angefallen ist – eine Aussage wie diese ist derzeit technisch noch nahezu unmöglich. Zudem wird durch das Ausschalten der Geräte der Willen zur Sparsamkeit stärker angesprochen. Eine höhere Stromrechnung durch Energieverschwendung regt stärker zur Besserung an als die Rückerstattung von Geld am Ende eines Abrechnungszeitraumes. Dies vermittelt den Eindruck, man mache alles richtig und (weiteres) Sparen sei nicht nötig; demnach wird eventuell auch auf die Anschaffung von Energiesparlampen verzichtet. Im Falle der Mülltrennung tritt der Idealfall ein. 117 der 162 Schüler trennen Müll, was einen Anteil von mehr als 70 % ausmacht. Für Mülltrennung fallen die wenigsten bis gar keine Kosten an – zumindest keine offensichtlichen. Bei der Herstellung eines Produktes werden die Entsorgungskosten in den Verbraucher-Produktpreis mit einberechnet. Aus diesem Grund ist die Bereitschaft zur Mülltrennung am größten. Des Weiteren wird Mülltrennung als selbstverständlich in der Bevölkerung angesehen. Immer mehr Menschen schalten Geräte komplett aus – ob dies mit steigenden Energiepreisen oder dem Umweltbewusstsein der Nutzer zusammenhängt, ist fragwürdig, wichtig ist dabei jedoch, dass sie es tun. Die

Nutzung von Energiesparlampen unterliegt einem stark positivem Trend. Durch eine entsprechende EU-Verordnung werden Glühbirnen schrittweise vom Markt genommen, sodass am Ende nur noch Energiesparlampen und einige Ausnahmen zum Kauf bereit stehen.

Auch in diesem Teil der Diskussion können die gleichen Zusammenhänge identifiziert werden, wie bereits mit Blick auf die Nutzung erneuerbarer Energien. Der hohe Teil der Müll trennenden Schüler ist mit der Theorie des geplanten Verhaltens zu erklären. Besitzen die Schüler eine positive Einstellung zur Mülltrennung, ggf. dadurch dass ihre Eltern, Großeltern oder Freunde Müll trennen, ist die Wahrscheinlichkeit sehr hoch, dass auch die Schüler selbst eine positive Einstellung gegenüber Mülltrennung entwickeln. Des Weiteren muss der Schüler etwas Positives erwarten, wenn er den Müll trennt. Aus erziehungstechnischer Sicht ist dies der Erhalt eines Lobes durch die Eltern, als Konsequenz der Mülltrennung. So geht die anfangs erzieherische Methode des Lobes und des Tadels in einen Lerneffekt über, der dazu führt, dass Müll kontinuierlich getrennt wird – ähnlich verhält es sich mit dem Belassen von Geräten im Standby-Modus. Wenn der Schüler mehrmals in der Woche von den Eltern gerügt wird, weil er beim Verlassen des Hauses den Fernseher im Standby-Modus gelassen hat, dann wird nach einiger Zeit ein Wandel einsetzen, der den Schüler dazu veranlasst, ebenfalls den Fernseher und andere Geräte komplett auszuschalten.

9.2. Wissen über nachhaltige Entwicklung

Insgesamt kam es sowohl zwischen den Geschlechtern als auch zwischen den Jahrgängen zu keinen signifikanten Unterschieden. Ein möglicher Grund für diesen Umstand könnte die Tatsache darstellen, dass die Anzahl von Antworten, in denen Strings ausgewertet werden müssen, die Grenzen dieser Abhandlung übersteigen. Es können jedoch einige Besonderheiten angemerkt werden, die nachfolgend dargestellt werden.

Wie bereits in der Darstellung der Ergebnisse erwähnt, gab es von Seiten der Schüler bei der Nennung der Kernelemente nachhaltiger Entwicklung größere Schwierigkeiten. Einige haben den Begriff *Element* zu wörtlich genommen und notierten Minerale wie Uran oder Kupfer – dies war jedoch ein geringer Teil. Viel größer war der Anteil jener Schüler, die bereits Maßnahmen für nachhaltige Entwicklung notierten. Nutzung erneuerbarer Energien, Sparsamkeit, Recycling gehören zu den Maßnahmen, die eine nachhaltige Entwicklung ausmachen, sie stellen jedoch nicht die Kernelemente dieser dar. Wäre der Fragebogen durch einen *Pre-Test* validiert wurden, so wäre dieses Item in der derzeitigen Formulierung durch das Raster gefallen. Es hätte gestrichen, oder einer Umformulierung unterzogen werden müssen. Eine alternative Fragestellung hätte lauten können: *Welche Bereiche sollte eine nachhaltige Entwicklung deiner Meinung nach beinhalten?* Besser wäre eine ungeordnete Reihenfolge von Bereichen gewesen, von denen die Schüler drei hätten aussuchen sollen.

Begriffe, die mit dem Aspekt der Umwelt zu tun hatten, wurden am häufigsten genannt. Dies ist laut GODEMANN (2006) damit begründbar, dass nachhaltige Entwicklung in den Medien und in der gesamten Gesellschaft meistens mit Umweltfragen und -problemen verbunden wird (S.67). Dementsprechend assoziieren auch Schüler den Begriff der nachhaltigen Entwicklung bzw. Nachhaltigkeit mit dem Umweltbegriff.

Die Tatsache, dass sie die eigentlichen drei Kernelemente *Umwelt, Soziales* und *Wirtschaft* als solche nicht erkennen, ist dadurch erklärbar, dass die Behandlung des Themas der nachhaltigen Entwicklung unter dieser Begrifflichkeit erst in Jahrgangsstufe 10 erfolgt (KULTUSMINISTER 2003:87). Zudem wurde die Datenerhebung in der ersten Schulwoche durchgeführt. Im Gespräch mit Lehrpersonen der betreffenden Jahrgangsstufen wurde deutlich, dass die Auseinandersetzung mit dem Thema der nachhaltigen Entwicklung erst in den kommenden Unterrichtsstunden in Jahrgangsstufe 10 begonnen werden würde.

Ähnliches gilt für die Auseinandersetzung mit der Frage nach dem Denken und Handeln im Sinne nachhaltiger Entwicklung. Mithilfe eines *Pre-Tests* hätte herausgefunden werden können, dass es die Formulierung des Items war, die den Schülern Schwierigkeiten bereitete. Es entstehen mit Blick auf die Antworten keine Unterschiede zwischen dieser Frage und der Frage nach den Kernelementen, was wiederum zeigt, dass die Schüler die Frage(n) nicht verstanden haben. Eine bessere Formulierung für Item C2 wäre zum Beispiel: *Wie müssen wir Menschen heute denken und handeln, damit die Menschen in 200 Jahren noch genau die gleiche Erde vorfinden?*

Für Item C5 sollten die Schüler eine abgestufte Nummerierung von 1 bis 4 vornehmen – 1 war dabei das ihrer Meinung nach umweltfreundlichste Verkehrsmittel, eine 4 das umweltunfreundlichste. Nach Schülermeinung ist die Bahn vollbesetzt am umweltfreundlichsten und das Flugzeug am umweltunfreundlichsten. Dies ist tatsächlich jedoch nicht der Fall. Eine neue Studie des *Institute of Physics* aus den USA hat gefordert, dass nicht nur der reine Energieverbrauch eines Verkehrsmittels, sondern auch die Werte für die Energieerzeugung (zum Beispiel Strom, Benzin und Kerosin) sowie die Infrastruktur, die zur Benutzung des Verkehrsmittels benötigt werden, mit einberechnet werden (zum Beispiel Bahnhöfe, Flughäfen oder Straßen) (IPO 2009:1). Zur besseren Anschaulichkeit dient die folgende Abbildung :

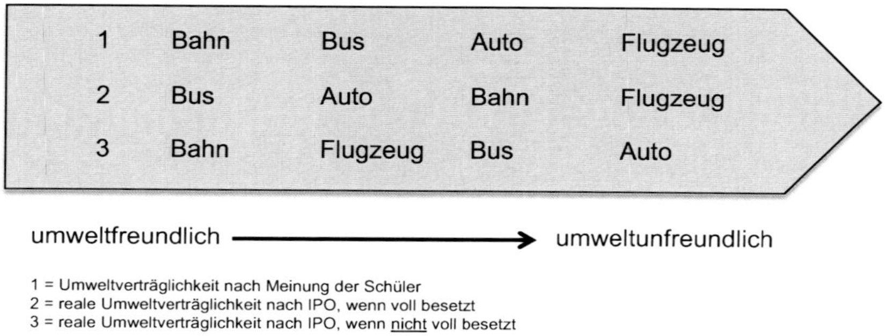

1	Bahn	Bus	Auto	Flugzeug
2	Bus	Auto	Bahn	Flugzeug
3	Bahn	Flugzeug	Bus	Auto

umweltfreundlich ⟶ umweltunfreundlich

1 = Umweltverträglichkeit nach Meinung der Schüler
2 = reale Umweltverträglichkeit nach IPO, wenn voll besetzt
3 = reale Umweltverträglichkeit nach IPO, wenn nicht voll besetzt

Abbildung 30: Die Umweltverträglichkeit der einzelnen Verkehrsmittel im Vergleich zur Studie des IPO (Quelle: eigener Entwurf, nach IPO 2003:2-7)

Die reale Umweltverträglichkeit muss differenziert betrachtet werden. Unter Vollbesetzung ist der Bus mit großem Abstand vor allen anderen Verkehrsmitteln das umweltfreundlichste (Reihe 2, Platz 1). Ist er jedoch nicht voll besetzt, wie es auf Fahrten über Land oder in rar besiedelten Gebieten vorkommen kann, dann rückt er in den Bereich der Umweltunfreundlichkeit (Reihe 3, Platz 3), im Gegensatz zu den Verkehrsmitteln Bahn und Flugzeug.

Die Bahn benötigt bei durchschnittlicher Auslastung am wenigsten Energie für die Fortbewegung an sich und erzeugt dabei die geringste Menge an Kohlenstoffdioxid. Wichtig ist hierbei jedoch, dass die eingerechneten Mengen an Kohlenstoffdioxid zu 50 % auf die Bahnhöfe und das Streckennetz entfallen. Eine gewisse Ambivalenz entsteht auch bei der Betrachtung der sogenannten E-Loks. Bei diesem Fortbewegungsmittel handelt es sich um elektrisch betriebene Triebwagen, die, wenn sie durch Kohleverstromung und durch Strom aus Kernkraftwerken angetrieben werden, die Energiebilanz der Eisenbahn stark nach unten ziehen, da auf diese Art bei der Produktion des Stromes hohe Mengen an Schwefeloxid, Schwermetallen und Atommüll anfallen. Durch eine Nutzung ökologisch erzeugten Stroms und eine energiesparendere Infrastruktur kann die Bahn ihre Umweltbilanz jedoch verbessern. Ein Grund für die Auswahl der Schüler, die Bahn als umweltfreundlichstes Verkehrsmittel zu bewerten, könnte darin bestehen, dass Schüler im Großen und Ganzen nur zwei öffentliche Verkehrsmittel kennen bzw. bewusst wahrnehmen – den Bus und die Bahn. Der Bahn kommt in diesem Kontext die Marketingstrategie der *Deutschen Bahn* zu Gute, die in allen Medien damit wirbt, dass man mit ihr am umweltfreundlichsten reisen kann. Der Bus rangiert für Schüler an zweiter Stelle, weil sie mit ihm, wie bereits erwähnt, ein öffentliches Verkehrsmittel verbinden – öffentliche Verkehrsmittel haben wiederum das Ansehen in der Gesellschaft, dass sie umweltschonender sind als zum Beispiel das Auto, welches nach Schülermeinungen Platz 3 belegt (Reihe 1, Platz 3). Als Grund für die Platzierung des Flugzeuges an umweltunfreundlichster Position kann ggf. alleinig dessen Größe gelten. Schüler verbinden eventuell mit der Größe eines Verkehrsmittels dessen Energieverbrauch, der für ein Flugzeug in der Tat im Vergleich mit einem Auto sehr hoch ist. Wichtig ist hierbei die Betrachtung der Personenkilometer, also die Menge an Energie, die ein Verkehrsmittel verbraucht, um eine Person einen Kilometer fortzubewegen. Das Flugzeug verbraucht zwar knapp drei Mal so viel Energie wie die Eisenbahn, jedoch entfällt für Wartung und Nutzung der Infrastruktur weniger Energie an. Im Gegensatz zur Bahn, bei der Bahnhöfe, Schrankenanlagen, Schienennetz uvm. gewartet und in Stand gehalten werden müssen, fallen für das Flugzeug nur Kosten für den Bau/die Nutzung von Flughäfen sowie von Lande- und Startstrecken an. Somit liegt das Flugzeug bei durchschnittlicher Auslastung nur knapp hinter der Bahn.

Mit dem Auto verhält es sich ähnlich wie mit dem Bus. Schüler sehen das Auto als *umweltunfreundlich (n = 54)* und *eher umweltunfreundlich (n = 73)* an. Autos sind im Durchschnitt schlecht ausgelastet und benötigen eine in der Errichtung und Wartung aufwändige Infrastruktur. Aus diesem Grund liegen sie auf Platz 4 unter durchschnittlicher Auslastung (Reihe 3, Platz 4). Einen wesentlichen Einfluss hat das Modell sowie die Anzahl der beförderten Personen – ein Spritsparmodell, welches 5 Liter Benzin auf 100 Kilometern benötigt, lässt das Auto in Kombination mit einer Vollbesetzung von vier Personen auf Platz 2 aufsteigen – nur ein voll besetzter Bus kann an dieser Stelle noch mithalten. Energiesparende Motoren sowie Bio-Kraftstoffe und Fahrgemeinschaften können die Umweltbilanz eines Autos weiter erhöhen (IPO 2009:2-7).

Im Falle der Symbole *Recycling* und *Grüner Punkt* kannten vergleichsweise wenige Schüler ihre korrekte Bezeichnung. Das Recyclingsymbol konnten noch mehrere Schüler genau definieren *(n = 41)*, im Fall des Grünen Punktes konnten es lediglich nur 14 Schüler *(n =14)*. Grundlegend ist hier jedoch zu erwähnen, dass viele Schüler zwar die Bedeutung der Symbole, nicht jedoch ihren exakten Namen kennen. So assoziieren sie Begriffe wie *Wiederverwertung, Wiederverwendung* oder, im Falle des Grünen Punktes, *Gelber Sack* bzw. *Gelbe Tonne* mit dem Symbol. Im Teil der Darstellung der Ergebnisse zu diesen beiden Symbolen (vgl. 8.2.) wurde bereits die Schwierigkeit der Auswertung der Bedeutungen der Begriffe erläutert. Der Begriff der *Wiederverwertung* ist klar definiert und birgt keine Probleme. Schwieriger wird die Auswertung der Begriffe *Wiederverwendung* und *Mehrweg*. Bei einer Wiederverwendung des Gegenstandes kann nicht von Recycling gesprochen werden; ist jedoch die Wiederverwendung des Materials gemeint, kann von Recycling gesprochen werden. Im Falle des Begriffes Mehrweg verhält es sich ähnlich: Mehrweg bezeichnet im allgemeinen Sprachgebrauch eine Abkürzung für Mehrwegflaschen. Ist dies gemeint, kann von Recycling gesprochen werden. Ist jedoch gemeint, dass das Material des Gegenstandes *mehrere Wege* durchläuft, also öfters benutzt wird, ist er mit dem Recyclingbegriff vereinbar.

An dieser Stelle muss sowohl innerhalb der Gesellschaft als auch in der Schule gewährleistet werden, dass Schüler die wahre Bedeutung von Symbolen des Alltags explizit kennen lernen. Dieses Wissen ist im Kontext der Nachhaltigkeit unentbehrlich, da eine Nichtkenntnis der Bedeutung eines Symboles ggf. darin resultiert, dass der Schüler nicht weiß, um welche Art Müll es sich handelt und diesen folglich nicht trennt bzw. trennen kann. Dies würde sich wiederum negativ auf die Umwelt auswirken und einer nachhaltigen Entwicklung im Wege stehen.

Mit Blick auf das Biosiegel traten verschiedene Antworten auf. Am augenscheinlichsten ist, dass Schüler mit dem Biosiegel Umweltschutz verbinden. Sie gehen davon aus, dass Lebensmittel wie Obst und Gemüse ohne Chemikalien gewachsen sind, einige konkretisieren und geben an, dass bei Produkten mit Biosiegel keine Pestizide und Dünger zum Einsatz kommen. Damit haben die Schüler einen Kern des ökologischen Landbaus entdeckt. Ziel des ökologischen Anbaus ist der Ausschluss chemisch-synthetischer

Dünge- und Pflanzenschutzmittel sowie Gentechnik (Nave 2009:15). Im Gegensatz dazu wird versucht, das Gleichgewicht des Bodens durch natürliche Prozesse zu erhalten. Für diesen Zweck dienen Pflanzenreste, die für die Ernährung von Bodenorganismen von Bedeutung sind. Diese Organismen stellen wiederum Nährstoffe für Pflanzen im Boden zur Verfügung (BÖLW 2009:22). Überraschend war der hohe Anteil jener Schüler, die angaben, dass sie mit dem Biosiegel ein teureres Produkt verbinden. Einige Schüler gaben zudem an, dass dieses Produkt zwar teurer, aber nicht unbedingt gesünder ist. Wurde der Begriff *teuer* notiert, so geschah dies in einem negativen Kontext, was auf eine negative Einstellung des Schülers zu Bioprodukten schließen lässt (zum Beispiel die Aussage einer Schülerin: Bioprodukte finde ich persönlich nicht so toll, weil sie auch teurer sind."). Folglich müssen sich die Schüler des Weiteren der Tatsache bewusst werden, dass diese Art des Anbaus von Pflanzen und diese Art der Tierhaltung wesentlich aufwändiger sind, als die konventionelle Landwirtschaft. Es werden pro Hektar weniger Erträge eingefahren und die Wachstumsphasen von Pflanzen und Tieren dauern länger an, was sich letztendlich in den Kosten für die Bewirtschaftung widerspiegelt. Dies muss den Schülern verdeutlicht werden, da es sich um relevante Umstände ihrer eigenen Zukunft handelt. Als Konsequenz ist in Zukunft mit einer Verteuerung der Lebensmittel in der konventionellen und ökologischen Landwirtschaft zu rechnen.

Grundlegend verstehen Schüler unter dem Bio-Siegel einen *biologischen* Anbau. Dabei ergibt sich erneut eine Schwierigkeit in der Auswertung. Welcher Anbau ist nicht biologisch? Die Pflanze eines konventionellen Bauern wächst genauso, wie die Pflanze eines Öko-Bauern. Welche der Pflanzen wächst nun laut Schülermeinung nicht biologisch? Betrachtet man den gesamten Fragebogen, so fällt auf, dass die Schüler in jenen Teilen, in denen eine fachliche Ausdrucksweise von Relevanz ist, erhebliche Schwierigkeiten haben. Grund für den häufigen Gebrauch des Wortes *biologisch* in Bezug zum ökologischen Anbau kann auch an dieser Stelle die mediale Beeinflussung der Schüler sein.

9.3. Einstellung zur nachhaltigen Entwicklung

Bei den Einstellungen zur nachhaltigen Entwicklung kam es sowohl bei der geschlechterspezifischen als auch bei der jahrgangsspezifischen Differenzierung zu Unterschieden. Insgesamt lassen sich in diesem Kapitel sehr viele Schlussfolgerungen formulieren, die die Einstellung und das Denken über dieses zukünftige Gesellschaftsthema betreffen. Den Anfang bildet das Interesse der Jugendlichen an nachhaltiger Entwicklung. Zwischen den Geschlechtern waren in diesem Kontext keine Unterschiede zu verzeichnen, das heißt, dass Schüler und Schülerinnen gleichermaßen an nachhaltiger Entwicklung interessiert bzw. nicht interessiert sind. Bei dem Mittelwert dieses Items wird ersichtlich, was auch bei vielen anderen Items der Einstellung zur nachhaltigen Entwicklung aufgetreten ist. In vielen Fällen liegen die Antworten der Mädchen im Mittelwert unterhalb des Mittelwertes der Gesamtstichprobe; der Mittelwert der Jungen hingegen oberhalb. An dieser Stelle soll Tabelle 7 dies verdeutlichen.

Item-Nr.	Mean männlich		Mean gesamt	Mean weiblich	
D1	1,98	+0,03	1,95	1,91	-0,04
D2	3,20	+0,09	3,11	3,01	-0,10
D3	2,95	+0,01	2,94	2,94	±0
D4	2,78	-0,09	2,87	2,95	+0,08
D5	3,29	+0,13	3,16	3,03	-0,13
D6	3,14	-0,13	3,27	3,40	+0,13
D7	1,72	+0,26	1,46	1,19	-0,27
D8	1,91	+0,16	1,75	1,60	-0,15
D9	2,29	-0,15	2,44	2,57	+0,13

Tabelle 7: Mittelwerte der Items D1 bis D9, aufgeteilt in *männlich* und *weiblich*

Betrachtet man die Mittelwerte, lässt sich erkennen, dass die männlichen Teilnehmer in sechs von neun Fällen über dem Mittelwert der Gesamtstichprobe liegen, die weiblichen Teilnehmer in sechs von neun Fällen darunter. Aufgrund einer fortwährend positiven Formulierung der Items D1 bis D8 können sich Schülerinnen mit den Items D1 bis D3, D5, D7 und D8 stärker identifizieren als Schüler. Das Interesse ist bei den Schülerinnen ebenfalls höher als bei den Schülern. Wie GODEMANN (2006) bereits anmerkte, verbinden die meisten Menschen, vor allem Jugendliche, mit dem Begriff der nachhaltigen Entwicklung die Lösung von Umweltproblemen (S. 67). Im Vergleich zu der Studie von HEMMER und HEMMER lässt sich eine Übereinstimmung in dem Punkt feststellen, dass Mädchen grundsätzlich stärker an Umweltproblemen interessiert sind als Jungen (vgl.

HEMMER/HEMMER 2010:98). Allgemein muss auch hier wieder beachtet werden, dass es sich bei den Befragten um Gymnasiasten handelt. Empirische Studien haben gezeigt, dass Schüler eines Gymnasiums signifikant stärker an den meisten geographischen Themen interessiert sind – so auch im Fall der bereits angesprochenen Umweltprobleme (HEMMER/HEMMER 2010:122).

Doch nicht nur Umweltprobleme gehören der Thematik der nachhaltigen Entwicklung an. Eine ausschließliche Betrachtung dieses Bereichs würde der Philosophie einer nachhaltigen Entwicklung entgegenwirken. Vielmehr sollen soziale, ökologische und ökonomische Ziele gleichbehandelt werden. In den Bereich des Sozialen fallen Item D7 – *Ich finde, dass Armut bekämpft werden muss* – und Item D8 – *Ich finde, dass Frieden zur nachhaltigen Entwicklung gehört*. Mit einem Mittelwert der Gesamtstichprobe von 1,46 sind die meisten Schüler der Ansicht, dass Armut auf der Welt bekämpft werden muss. Hierbei kommt es jedoch auch zu einem hoch signifikanten Unterschied ($p < 0,001$) zwischen männlichen und weiblichen Teilnehmern. Zu erklären ist dies mit einem eindeutigen Interessenunterschied zwischen Schülerinnen und Schülern. Mädchen interessieren sich stärker für soziale und ethische Fragen als Jungen (HEMMER/HEMMER 2010:97). Anzumerken ist an dieser Stelle, dass ein höheres Interesse an einem Thema oder einem Problem zumeist in einer höheren Lernmotivation bzw. der Bereitschaft resultiert, sich dauerhaft und aktiv mit diesem Thema auseinanderzusetzen (KRAPP 2010: 10).

Auch mit Blick auf das Item *Frieden* kommt es zu einem eher positiven Ergebnis. Die Gesamtheit spricht sich mit einem Mittelwert von 1,75 für Frieden als Teil der nachhaltigen Entwicklung aus. Dies lässt erkennen, dass Schüler nicht nur Umweltfragen mit einer nachhaltigen Entwicklung verbinden, sondern auch Handlungsbedarf in sozialen Fragen, wie Friedensbewahrung und Armutsbekämpfung, sehen. Auch bei diesem Item sind es überwiegend die Schülerinnen, die Frieden als Bestandteil nachhaltiger Entwicklung ansehen. Erklärbar ist dies wieder mit dem größeren Interesse von Schülerinnen an sozialen und ethischen Themen. Schüler hingegen interessieren sich im Vergleich dazu eher für Fragen der Wirtschaft (HEMMER/HEMMER 2010:97).

Bei der Betrachtung der Frage, ob die Schüler bereits im gesamten Schulunterricht oder im Geographieunterricht mit dem Thema der nachhaltigen Entwicklung konfrontiert waren, fallen einige Besonderheiten auf. Zur besseren Veranschaulichung ist das Diagramm für die betreffenden Items noch einmal dargestellt:

Ich habe bereits in der Schule/im Geographieunterricht etwas über NE gehört.

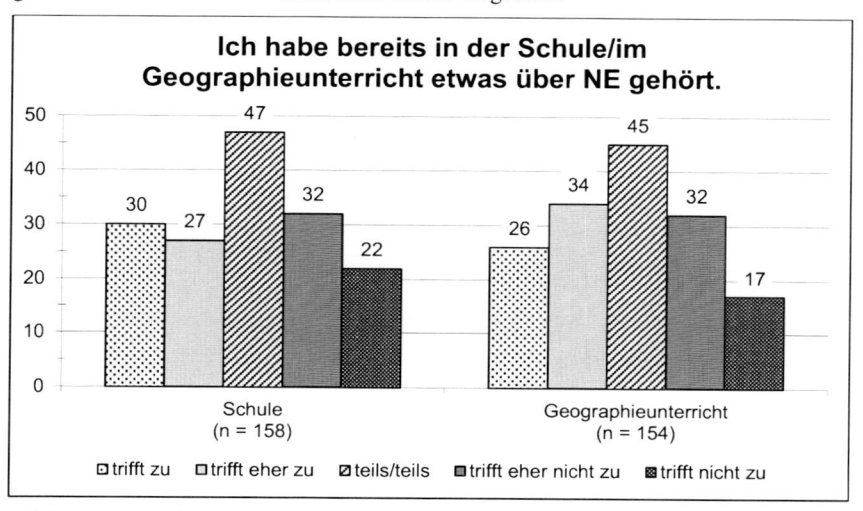

Schule (n = 158): trifft zu 30, trifft eher zu 27, teils/teils 47, trifft eher nicht zu 32, trifft nicht zu 22
Geographieunterricht (n = 154): trifft zu 26, trifft eher zu 34, teils/teils 45, trifft eher nicht zu 32, trifft nicht zu 17

Abbildung 30: Ergebnisse der Items D3 und D4 – *Ich habe bereits in der Schule/im Geographieunterricht etwas über nachhaltige Entwicklung gehört*

Grundsätzlich ist der Geographieunterricht ein Teil des allgemeinen Schulunterrichts. Daraus resultiert folglich, dass die Zahl jener Schüler, die *trifft zu* bei der Frage angegeben haben, ob im Geographieunterricht nachhaltige Entwicklung thematisiert wurde (in diesem Fall 26), strenggenommen deckungsgleich mit der Zahl derer sein muss, die die gleiche Antwort mit Blick auf den Schulunterricht allgemein gegeben haben. Im Falle der Antwort *trifft zu* ist diese Annahme bestätigt. Nicht bestätigt wird sie im Fall *trifft eher zu*. 27 haben bereits etwas in der Schule gehört, 34 im Geographieunterricht – eine positive Differenz, die theoretisch nicht auftreten kann. Diese Streuung der Antworten zeigt, dass es den Schülern augenscheinlich schwer gefallen ist, zwischen den fünf Kategorien eine Auswahl zu treffen. Besser wäre die Verschiebung des Items in den Bereich des aktuellen Verhaltens. Dort hätte man mit einer einfachen Ja-/Nein-Frage klären können, ob sie bereits etwas in der Schule über nachhaltige Entwicklung gehört haben. Wenn sie dies mit *Ja* beantworten, würde sich eine weitere Frage anschließen, mithilfe derer ermittelt wird, ob sie im Geographieunterricht etwas über nachhaltige Entwicklung gehört haben. Alternativ wäre eine Erfragung der Fächer denkbar, die dieses Thema zum Unterrichtsgegenstand gemacht haben. Auf diese Weise könnte geklärt werden, ob die Geographie tatsächlich das Brückenfach für nachhaltige Entwicklung ist. Eine weitere Schwierigkeit für die Schüler stellt die Klärung der Frage dar, was nachhaltige Entwicklung grundsätzlich ist. In der 5. Klasse wird der Themenkomplex mit der Behandlung des Aspektes *Landwirtschaft* eingeführt. Es folgen Themen wie *Tourismus*, *Verkehr* und *Raumanalyse*. Es muss jedoch angezweifelt werden, dass Schüler Themen wie *Sanfter Tourismus* auch wirklich im Kontext nachhaltiger Entwicklung wahrnehmen. Wenn dies nicht geschieht, gestaltet sich auch die Selbsteinschätzung der Schüler darüber, ob sie bereits mit diesem Thema in der Schule konfrontiert waren, äußerst schwierig.

Überraschend groß war der Anteil jener Schüler, die bei Item D9 angaben, dass sie sich zwischendurch auch mal einen Tag vom nachhaltigen Lebensstil frei nehmen würden. Wird hier etwa eine gewisse Politikverdrossenheit für nachhaltige Entwicklung sichtbar – also eine *Nachhaltige Entwicklungsverdrossenheit?* Nur 25 von 160 Schülern stimmen der These nicht zu. Das heißt vielmehr, dass 135 der These zustimmen und einen nachhaltigen Lebensstil unterbrechen würden. Grundgedanke der Schüler könnte sein, dass es aus ihrer Sicht nicht schlimm ist, wenn sie sich als einzelne Person einmal nicht nachhaltig verhalten. Schwierig ist jedoch die Vorhersage von Problemen, die entstehen, wenn jeder Mensch auf der Erde diesen Habitus ausleben würde. Besonders anschaulich wird dies in größeren systemischen Zusammenhängen: einen Tag lang keine Filteranlagen in Fabriken, einen Tag lang keine diplomatischen Verhandlungen zur Friedenswahrung sondern direkt Krieg, einen Tag lang die Wälder der Erde roden – all dies hätte verheerende Konsequenzen. Würde jeder Mensch einen Tag lang eine Ausnahme machen, versenke die Welt in Chaos. Diese anschauliche Darstellung muss den Ausgangspunkt bilden für die Auseinandersetzung mit der vermutlich leichtfertigen Äußerung der Schüler, dass sie zwischendurch einen Tag entgegen der Nachhaltigkeit leben würden. Denn Kinder und Jugendliche sehen einen freien Tag als vollkommen natürlich an und hinterfragen ihn nicht. Sie müssen die Auswirkungen einer solchen Entscheidung im Gesamtkontext verstehen und nachvollziehen. Insgesamt wäre wünschenswert (und zugleich zu erwarten) gewesen, dass sich die Schüler über die Dringlichkeit dieses Themas bewusst sind und sich ein Mittelwert bildet, der zwischen 3 und 5, viel besser noch zwischen 4 und 5 liegt; tatsächlich liegt er nun bei 2,41 Punkten.

10. Fazit

Zusammenfassend kann gesagt werden, dass die meisten Schüler bereits mit der Thematik der nachhaltigen Entwicklung konfrontiert waren und über einen entsprechenden Wissensfundus verfügen. Mit Blick auf geschlechtsspezifische Differenzen lässt sich feststellen, dass Schülerinnen in sozialen und ethischen Fragen grundsätzlich positiver eingestellt sind als Schüler. Diese zeigen wiederum sowohl in wirtschaftlichen als auch in Fragen der Umwelt positivere Tendenzen. Zu erkennen ist weiterhin, dass Unterschiede zwischen den Jahrgangsstufen auftreten. Ältere Schüler können ihre Meinung besser reflektieren und bringen präziser zum Ausdruck, was sie sagen wollen. Des Weiteren sind sie bereits durch die weiter fortgeschrittene Progression im Lehrplan stärker mit der Thematik der nachhaltigen Entwicklung vertraut als die jüngeren Schüler. Eine Übereinstimmung in den Aussagen zwischen jüngeren und älteren Schülern ist mit Blick auf das Verständnis von Nachhaltigkeit zu beobachten: Beide Gruppen verbinden mit nachhaltiger Entwicklung hauptsächlich Umweltfragen und -probleme sowie Fragen der Energiegewinnung – ein Grund kann die starke mediale Beeinflussung der Schüler sein. Im Fokus der Medien stehen eher Umweltkatastrophen als soziale Projekte in Ostafrika oder die Umrüstung von Industriebetrieben zur Reduktion des Kohlenstoffdioxidausstoßes. Insgesamt ist bei den Schülern ein Grundverständnis vorhanden, welches jedoch noch stärker differenziert werden muss. Darüber hinaus sollte eine höhere Sensibilität angestrebt werden, sodass nicht-nachhaltige Entwicklungen von den Schülern besser erkannt und gelöst werden können.

In der Zukunft wird nachhaltige Entwicklung unser Leben stärker beeinflussen als es zum gegenwärtigen Zeitpunkt der Fall ist. Diese Entwicklung ist sehr wünschenswert und sollte von unterstützenden Maßnahmen begleitet werden. So sollte unter Jugendlichen allgemein und in der Schule verstärkt darauf gesetzt werden, das Bewusstsein für eine nachhaltige Entwicklung zu stärken, denn „wir haben die Erde nicht von unseren Eltern geerbt, sondern von unseren Kindern geliehen." (Jungbluth 2010) Um nachhaltige Entwicklung in unseren Schulen und bei unseren Kindern zu fördern, müssen sowohl Einzelpersonen als auch die Politik Initiative zeigen und tätig werden.
Bisher ist bereits viel geleistet worden. Unsere Kinder, Jugendlichen und Erwachsenen wissen um die Probleme, die wir durch unsere Lebensweise verursachen. Der Anfang

ist gemacht, wir befinden uns auf einem guten Weg. Nun gilt es, die zahlreichen Steine und Hürden, die dieser Weg birgt, zu überwinden.

Literaturverzeichnis

AACHENER STIFTUNG KATHY BEYS (2011): Lexikon der Nachhaltigkeit. Brundlandt-Report. http://www.nachhaltigkeit.info/artikel/brundtland_report_1987_728.htm (05.10.2011)

AGENDA 21 (1992): AGENDA 21. Konferenz der Vereinten Nationen für Umwelt und Entwicklung. http://www.un.org/depts/german/conf/agenda21/agenda_21.pdf (08.10.2011)

BAHR, M. (2007): Bildung für nachhaltige Entwicklung – ein Handlungsfeld (auch) für den Geographieunterricht?!. In: Praxis Geographie 9, S. 10-12.

BARTOL, A. u. E. HERKOMMER (2004): Der aktuelle Begriff. Nachhaltigkeit. In: Wissenschaftliche Dienste des deutschen Bundestages, S. 1-2.

BLK (Bund-Länder-Kommission) (1999): Bildung für eine nachhaltige Entwicklung. – Materialien zur Bildungsplanung und zur Forschungsförderung 72, Bonn.

BLK (Bund-Länder-Kommission) (2005): Bildung für nachhaltige Entwicklung („21"). Abschlussbericht des Programmträgers zum BLK-Programm. Bonn.

BMU (Bundesministerium für Umwelt, Naturschutz und Reaktorsicherheit) (2003): 100.000 Dächer-Solarstrom-Programm kurz vor dem Ziel. http://www.erneuerbare-energien.de/inhalt/4248/20040/ (08.10.2011)

BMU (Bundesministerium für Umwelt, Naturschutz und Reaktorsicherheit) (2007): Nationale Strategie zur biologischen Vielfalt. 3. Aufl., Berlin.

BÖLW (Bund Ökologische Lebensmittelwirtschaft) (2009): Nachgefragt: 28 Antworten zum Stand des Wissens rund um Öko-Landbau und Bio-Lebensmittel. http://www.boelw.de/fileadmin/alf/28-bioargumente.pdf (12.10.2011)

BUNDESUMWELTAMT (2002): Nachhaltige Entwicklung in Deutschland. Die Zukunft dauerhaft umweltgerecht gestalten. Erich Schmidt Verlag, Berlin.

DGfG (Deutsche Gesellschaft für Geographie) (2010): Bildungsstandards im Fach Geographie für den Mittleren Schulabschluss. http://www.geographie.de/docs/geographie_bildungsstandards.pdf (13.10.2011)

EBLINGHAUS, H. u. A. STICKLER (1996): Nachhaltigkeit und Macht. Zur Kritik von Sustainable Development. Verlag für Interkulturelle Kommunikation, Frankfurt am Main.

ENQUETE-KOMMISSION „SCHUTZ DES MENSCHEN UND DER UMWELT" DES 13. DEUTSCHEN BUNDESTAGES (1997): Konzept Nachhaltigkeit. Fundamente für die Gesellschaft von morgen. – Zur Sache 1, Bonn.

FU BERLIN (Freie Universität Berlin): Transfer 21. Bildung für eine nachhaltige Entwicklung. http://www.blk21.de/index.php?p=183 (29.09.2011)

GEISS, J., WORTMANN, D. u. F. ZUBER (Hrsg.) (2003): Nachhaltige Entwicklung - Strategie für das 21. Jahrhundert?. Eine interdisziplinäre Annäherung. Verlag Leske + Budrich, Opladen.

GODEMANN, J. (2006): Jugend und Nachhaltigkeit. Eine Beziehung mit Zukunft? In: UNESCO heute 1, S. 66-69.

GRAF, D. (2007): Die Theorie des geplanten Verhaltens. In: KRÜGER, D. u. H. VOGT (Hrsg.): Theorien in der biologiedidaktischen Forschung. Ein Handbuch für Lehramtsstudenten und Doktoranden. Springer-Verlag, Berlin, Heidelberg, S. 33-43.

GRAY, P. (1913): Economic Possibilities of Conversation. In: Quarterly Journal of Economics 27, 3, S. 497-519.

HAAN, G. (2006): Bildung für eine nachhaltige Entwicklung. Ein neues Lern- und Handlungsfeld. In: UNESCO heute 1, S. 4-8.

HAAN, G. (2007): Bildung für nachhaltige Entwicklung als Handlungsfeld. In: Praxis Geographie 9, S. 4-9.

HEMMER, I. (1998): Nachhaltige Entwicklung als neues Leitbild der Umwelterziehung und des Geographieunterrichts?. In: Rinschede, G. u. J. Garreis (Hrsg.): Global denken – Lokal handeln. 26. Deutscher Schulgeographentag in Regensburg 1998 Tagungsband 2 – Regensburger Beiträge zur Didaktik der Geographie Band 5, Selbstverlag der Universität Regensburg, Regensburg, S. 197-206.

HEMMER, I. u. M. HEMMER (2010): Interesse von Schülerinnen und Schülern an einzelnen Themen, Regionen und Arbeitsweisen des Geographieunterrichts. Ein Vergleich zweier empirischer Studien aus den Jahren 1995 und 2005. In: Hemmer, I. u. M. Hemmer (Hrsg.): Schülerinteresse an Themen, Regionen und Arbeitsweisen des Geographieunterrichts. Ergebnisse der empirischen Forschung und deren Konsequenzen für die Unterrichtspraxis. – Geographiedidaktische Forschungen Band 46, Weingarten, S. 65-145.

IGU (International Geographical Union) (2007): Luzerner Erklärung über Geographische Bildung für nachhaltige Entwicklung. http://www.bne-portal.de/coremedia/generator/unesco/de/Downloads/Hintergrundmaterial__national/Luzerner_20Erkl_C3_A4rung_20Geographie_20BNE_20deutsch.pdf (09.10.2011)

IISD (International Institute für Sustainable Development) (2007a): An eye to the future. http://www.iisd.org/briefcase/ten+ten_future.asp (09.10.2011)

IISD (International Institute für Sustainable Development) (2007b): Successes and Failures. http://www.iisd.org/briefcase/ten+ten_contents.asp (09.10.2011)

IPO (Institute of Physics, University of California) (2009): Environmental assessment of passenger transportation should include infrastructure and supply chains. In: Environmental Research Letter 4, S. 1-8. http://iopscience.iop.org/1748-9326/4/2/024008/pdf/erl9_2_024008.pdf (12.10.2011)

JÄGER, J. (2007): Was verträgt unsere Erde noch? Wege in die Nachhaltigkeit. 4. Aufl., Fischer Taschenbuch Verlag, Frankfurt am Main.

JUNGBLUTH, J. (2010): Wir haben die Erde nicht von unseren Eltern geerbt, sondern von unseren Kindern geliehen. In. Gießener Zeitung. http://www.giessener-zeitung.de/giessen/beitrag/41058/wir-haben-die-erde-nicht-von-unseren-eltern-geerbt-sondern-von-unseren-kindern-geliehen/ (14.10.2011)

KRAPP, A. (2010): Die Bedeutung von Interessen für die Lernmotivation und das schulische Lernen. Eine Einführung. In: Hemmer, I. u. M. Hemmer (Hrsg.): Schülerinteresse an Themen, Regionen und Arbeitsweisen des Geographieunterrichts. Ergebnisse der empirischen Forschung und deren Konsequenzen für die Unterrichtspraxis. – Geographiedidaktische Forschungen Band 46, Weingarten, S. 9-26.

KROSS, E. (1992): Global lernen. In: Praxis Geographie 100, S. 57-62.

KULTUSMINISTER DES LANDES SACHSEN-ANHALT (2003): Rahmenrichtlinien Gymnasium. Geographie 5-12. o.O.

NAGEL, U. u. C. AFFOLTER (2004): Umweltbildung und Bildung für eine nachhaltige Entwicklung. Von der Wissensvermittlung zur Kompetenzförderung. In: Beiträge zur Lehrerbildung 22,1, S. 95-105.

NAVE, A. (2009): Bio-Nahrungsmittel für alle ...?. Tectum Verlag. Marburg.

RENN, O. (2002): Umwelt, Globalisierung und Ethik. Orientierungen in einer Welt mit begrenzten Handlungsspielräumen. In: Seybold, H. u. W. Riess (Hrsg.): Bildung für eine nachhaltige Entwicklung in der Grundschule, Methodologische und konzeptionelle Ansätze – Gmünder Hochschulreihe 22, S. 19-47.

RIESS, W. (2010): Bildung für nachhaltige Entwicklung. Theoretische Analysen und empirische Studien. – Internationale Hochschulschriften 542, Waxmann Verlag, Münster, New York, München.

SCHAVAN, A. (2006): Die UN-Dekade „Bildung für eine nachhaltige Entwicklung" aus Sicht der Bundesregierung. In: UNESCO heute 1, S. 9-12.

SCHNEIDEWIND, U. (2011): Nachhaltige Entwicklung. Wo stehen wir?. In: UNESCO heute 2, S. 7-11.

TULLY, C. u. KRUG, W. (2011): Konsum im Jugendalter. Umweltfaktoren, Nachhaltigkeit, Kommerzialisierung. Wochenschau Verlag. Schwalbach/Ts.

UBA (Umweltbundesamt) (2011): Zeitreihen zur Entwicklung der erneuerbaren Energien in Deutschland. http://www.erneuerbare-energien.de/files/pdfs/allgemein/application/pdf/ee_zeitreihe.pdf (13.10.2011)

UNBEHAUEN, H. u. S. HACKSPACHER (2008): Von der Umweltbildung zu einer Bildung für nachhaltige Entwicklung (BNE). Eine Bestandsaufnahme. In: Beiträge Region und Nachhaltigkeit 5, S. 95-104.

WBGU (Wissenschaftlicher Beirat der Bundesregierung Globale Umweltveränderungen) (2000): Welt im Wandel. Erhaltung und nachhaltige Nutzung der Biosphäre Jahresgutachten 1999. Springer Verlag, Berlin, Heidelberg, New York.

WORLD RESSOURCES INSTITUTE, et al. (1996): World Ressources 1996-1997. A Guide to the Global Environment. Oxford University Press, Oxford.

Befragung von Schülerinnen und Schülern zur nachhaltigen Entwicklung im Geographieunterricht

Liebe Schülerinnen und Schüler,

im Rahmen einer empirischen Studie führe ich eine Erhebung zur nachhaltigen Entwicklung im Geographieunterricht durch. Diese Erhebung geht der Frage nach, inwieweit ihr euch der Notwendigkeit der nachhaltigen Entwicklung bewusst seid. Eure Antworten in diesem Fragebogen ermöglichen es uns Lehrern den Unterricht und das Thema besser auf euch abzustimmen. Es würde mich freuen, wenn ihr an dieser Befragung teilnehmen würdet.

Selbstverständlich ist die Befragung, sowie die Auswertung, anonym.

Mit freundlichen Grüßen, Tino Zenker

A – Persönliche Daten

A1 Welche Klassenstufe besuchst du und wie alt bist du?

Alter: _____   Klassenstufe: _____

A2 Ich bin ein …?

☐ Junge   ☐ Mädchen

C8) Was ist „graue Energie"? (1)

☐ die Menge an Ressourcen, die bei Herstellung, Gebrauch und Entsorgung eines Produktes aufgewendet werden müssen

☐ eine besondere Energie, die jedes Produkt benötigt, um ökonomisch und ökologisch hergestellt zu werden

☐ eine sparsame, höchst effektive Form von Energie, die den Verbrauch um 90% senkt

C9) Wie konnten die Erträge in der Landwirtschaft deutlich erhöht werden? (3)

☐ Technisierung ☐ Diversität ☐ Spezialisierung ☐ Seismizität
☐ Ethnizität   ☐ Intensivierung

C10) Schau dir das Symbol links an. Was sagt dir dieses Zeichen, wenn du es im Supermarkt siehst?

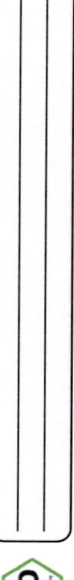

_____

_____

D – Einstellung zur nachhaltigen Entwicklung

	trifft zu	trifft eher zu	teils/teils	trifft eher nicht zu	trifft nicht zu
Ich empfinde nachhaltige Entwicklung als wichtig.	☐	☐	☐	☐	☐
Ich interessiere mich für nachhaltige Entwicklung.	☐	☐	☐	☐	☐
Ich habe bereits in der Schule etwas über nachhaltige Entwicklung gehört.	☐	☐	☐	☐	☐
Ich habe bereits im Geographieunterricht etwas über nachhaltige Entwicklung gehört.	☐	☐	☐	☐	☐
Ich achte darauf, nachhaltig zu leben.	☐	☐	☐	☐	☐
Ich finde, dass Deutschland genug für nachhaltige Entwicklung tut.	☐	☐	☐	☐	☐
Ich finde, dass Armut auf der Welt bekämpft werden muss.	☐	☐	☐	☐	☐
Ich finde, dass Frieden zur Nachhaltigen Entwicklung gehört.	☐	☐	☐	☐	☐
Ich finde, dass man sich auch einmal einen Tag Pause vom nachhaltigen Lebensstil nehmen kann.	☐	☐	☐	☐	☐

Vielen Dank für deine Teilnahme!

B – Fragen zum aktuellen Verhalten

B1 Womit kommst du hauptsächlich zur Schule?

☐ zu Fuß ☐ Bus ☐ Bahn ☐ Auto ☐ Fahrrad
☐ Sonstiges: _____

B2 Wie lange benötigst du, mit dem unter B1 angegebenen Verkehrsmittel zur Schule? (in Minuten)

☐ unter 5 ☐ 5-10 ☐ 10-20 ☐ 20-30 ☐ 30-60
☐ mehr als 60

B3 Benutzt ihr zu Hause Energiesparlampen?

☐ ja ☐ nein ☐ teilweise

B4) Lässt du Geräte im Standby? (PC, Fernseher, …)

☐ ja ☐ nein ☐ teilweise

B5) Trennst du Müll?

☐ ja ☐ nein ☐ teilweise

B6 Wofür würdest du mehr Geld ausgeben, wenn es der Umwelt hilft?

☐ Kleidung ☐ Energie ☐ Wasser ☐ Lebensmittel
☐ Sonstiges: _____ ☐ gar nichts

B7) Du hast einen kurzen Weg zu erledigen. Wofür entscheidest du dich?

☐ zu Fuß ☐ Ich lasse mich fahren ☐ Fahrrad
☐ Sonstiges: _____

B8) Benutzt ihr zu Hause erneuerbare Energien? Falls „ja", was benutzt ihr?
(Ökostrom, Erdwärme, kleines Windrad, Solarzellen auf dem Dach,…)

☐ ja, _____ ☐ nein ☐ weiß ich nicht

B9) Schaue in deine Tasche, in welcher Verpackung sich dein Getränk befindet!

☐ Tetrapak ☐ Glas ☐ Einwegflasche ☐ Mehrwegflasche
☐ Ist bereits leer ☐ Ja Einwegflasche umgefüllt

C – Wissen über Nachhaltige Entwicklung

C1 Was sind deiner Meinung nach Kernelemente nachhaltiger Entwicklung?

_____
_____

C2 Wie muss das Denken und Handeln im Sinne von nachhaltiger Entwicklung deiner Meinung nach stattfinden?

_____
_____

C3) Wie heißt das Konzept zur Berechnung von Nachhaltigkeit? (1)

☐ Gesellschaftlicher Fingerabdruck ☐ Kultureller Zehabdruck
☐ Ökologischer Fußabdruck ☐ Sozialer Handabdruck

C4) Was ist „sanfter Tourismus"? (1)

☐ eine Tourismusart, bei der man ökologisch und sozial verträglich reist, sodass negative Auswirkungen für Mensch und Umwelt gering bleiben
☐ eine 1960 aufgekommene Tourismusart, bei der Naturräume erschlossen und beschädigt wurden; zum Beispiel im Mittelmeerraum
☐ eine Tourismusart, bei der es darum geht, langsam durch ein zu Reisen, um dort Einheimischen unser Leben auf sanfte Weise beizubringen
☐ eine Tourismusart, bei der man ökonomisch und komfortabel reisen kann

C5 Ihr wollt eine Klassenfahrt durchführen. Schnell kommt die Diskussion über das Verkehrsmittel auf. Was ist deiner Meinung nach das umweltfreundlichste Verkehrsmittel, wenn es voll besetzt ist? Nummeriere die hier angegebenen Verkehrsmittel mit 1 bis 4. 1 ist das Umweltfreundlichste, 4 das Umweltschädlichste!

___ Auto ___ Bahn ___ Bus ___ Flugzeug

C6 Was würdest du tun, wenn du nachhaltigen Urlaub machen möchtest?

_____

C7 Schau dir die Abbildungen rechts an. Notiere mit je einem Wort, wofür diese Zeichen stehen!

(1) _____ (2) _____

VIII

Abbildungsverzeichnis

Abbildung 1: Die verschiedenen Ebenen, die an einer nachhaltigen Entwicklung beteiligt werden müssen (Quelle: Schneidewind 2011). 5

Abbildung 2: Das Dreieck der Nachhaltigkeit (Quelle: verändert nach Bahr 2007) 7

Abbildung 3: Kohlenstoffdioxid-Emissionen pro Kopf und Jahr in Tonnen in zehn ausgewählten Ländern (Quelle: Jäger 2007) 9

Abbildung 4: Das Logo der *Weltdekade der Bildung für nachhaltige Entwicklung* (Quelle: www.bne-portal.de) 19

Abbildung 5: Die Teilkompetenzen der Gestaltungskompetenz (Quelle: Haan 2007) 20

Abbildung 6: Umweltwissen nach Schultypen bei 15- bis 16-Jährigen (Quelle: nach Tully/Krug 2011:101) 28

Abbildung 7: Aufbau des Messinstruments 31

Abbildung 8 Die Verwendung erneuerbarer Energien 34

Abbildung 9: Nutzung von Energiesparlampen, Belassen von Geräten im Standby-Modus und Trennung von Müll 36

Abbildung 10: Anzahl der Nennungen von Kernelementen 38

Abbildung 11: Die umweltfreundlichsten bis umweltunfreundlichsten Verkehrsmittel laut Schülermeinung 40

Abbildung 12: Begriffe, die Schüler mit dem Recyclingsymbol verbinden 41

Abbildung 13: Begriffe, die Schüler mit dem Symbol *Grüner Punkt* verbinden 42

Abbildung 14: Die Bedeutung des Biosiegels für Schüler 44

Abbildung 15: Ich interessiere mich für nachhaltige Entwicklung 46

Abbildung 16: Ergebnisse der Items D3 und D4 – *Ich habe bereits in der Schule/im Geographieunterricht etwas über nachhaltige Entwicklung gehört* 47

Abbildung 17: Ich finde, dass man sich auch einmal einen Tag Pause vom nachhaltigen Lebensstil nehmen kann 48

. Abbildung 18: *Wo sollte deiner Meinung nach der Schwerpunkt der NE liegen?* Darstellung über die Anzahl von Nennungen zum Schwerpunkt der NE 49

Abbildung 19: Geschlechterspezifische Ergebnisse zu Item B6 - *Würdest du für Energie mehr Geld ausgeben, wenn es der Umwelt hilft? -* Schülerantworten 51

Abbildung 20: Geschlechterspezifische Ergebnisse für Item B6 – *Wofür würdest du mehr Geld ausgeben, wenn es der Umwelt hilft?* 52

Abbildung 21: Geschlechterspezifische Ergebnisse zum Konzept für die Berechnung von Nachhaltigkeit 53

Abbildung 22: Geschlechterspezifische Ergebnisse zu Item D7 – *Ich finde, dass Armut auf der Welt bekämpft werden muss*..54

Abbildung 23: Ergebnisse zu Item D2 – *Ich interessiere mich für nachhaltige Entwicklung*.......55

Abbildung 24: Geschlechterspezifische Ergebnisse zu Item D3 – *Ich habe bereits in der Schule etwas über nachhaltige Entwicklung gehört*..56

Abbildung 25: Differenzierung nach jung und alt für Item B6 – *Wärst du bereit, für Energie mehr Geld auszugeben, wenn es der Umwelt hilft?*..59

Abbildung 26: Jahrgangsspezifische Unterscheidung der Mittelwerte des Items D2 – *Ich interessiere mich für nachhaltige Entwicklung*..60

Abbildung 27: Jahrgangsspezifische Darstellung der Items D3 und D4 – *Ich habe bereits in der Schule/im Geographieunterricht etwas über nachhaltige Entwicklung gehört.*........................61

Abbildung 28: Differenzierung nach jung und alt für die Items D3 und D4 – *Ich habe bereits in der Schule/im Geographieunterricht etwas über nachhaltige Entwicklung gehört, aufgeteilt in jung und alt*...62

Abbildung 29: Jahrgangsspezifische Darstellung des Items D5 – *Ich achte darauf, nachhaltig zu leben*..63

Abbildung 30: Die Umweltverträglichkeit der einzelnen Verkehrsmittel im Vergleich zur Studie des IPO (Quelle: eigener Entwurf, nach IPO 2003:2-7)...73

Abbildung 31: Ergebnisse der Items D3 und D4 – *Ich habe bereits in der Schule/im Geographieunterricht etwas über nachhaltige Entwicklung gehört*.......................................77

Tabellenverzeichnis

Tabelle 1: Globale Erfolge und Misserfolge in der nachhaltigen Entwicklung (Quelle: Jäger 2007, IISD 2007b) 11

Tabelle 2: Geschlechterverteilung nach Klassenstufen 33

Tabelle 3: Mittelwerte und Standardabweichungen zur Nutzung von Energiesparlampen, Belassen von Geräten im Standby-Modus und zur Trennung von Müll 36

Tabelle 4: Anzahl von Nennungen des Begriffs *Recycling* inkl. gleichbedeutender Formulierungen 42

Tabelle 5: Anzahl von Nennungen des Begriffs *Grüner Punkt* inkl. gleichbedeutender Formulierungen 43

Tabelle 6: Überblick über die verwendeten Items für die Ermittlung der Einstellung zur nachhaltigen Entwicklung inklusive Mittelwerten und Standardabweichungen. 45

Tabelle 7: Mittelwerte der Items D1 bis D9, aufgeteilt in *männlich* und *weiblich* 75